Catalogue de la collection égyptienne du
Musée d'Histoire et d'Archéologie de Vannes

Archaeopress Egyptology 52

Catalogue de la collection égyptienne du Musée d'Histoire et d'Archéologie de Vannes

Simone Petacchi et Christophe Le Pennec

Préface de Philippe Mainterot

Archaeopress Archaeology

Archaeopress Publishing Ltd
13-14 Market Square
Bicester
Oxfordshire
OX26 6AD
United Kingdom

www.archaeopress.com

ISBN 978-1-80583-056-6
ISBN 978-1-80583-057-3 (e-Pdf)

© Simone Petacchi and Christophe Le Pennec and Archaeopress 2025

Couverture: Cercueil anthropoïde ptolémaïque, IM 2093.1 (cliché de Simone Petacchi).

All rights reserved. No part of this book may be reproduced, or transmitted, in any form or by any means, electronic, mechanical, photocopying or otherwise, without the prior written permission of the copyright owners.

This book is available direct from Archaeopress or from our website www.archaeopress.com

Table des matières

Liste des figures ii

Remerciements iv

Liste des abréviations v

Préface vi
    Philippe MAINTEROT

Frédéric Cailliaud, l'explorateur et le collecteur. Ses collections privées et ses donations
aux musées et aux sociétés savantes d'Europe 1
    Simone PETACCHI

La collection égyptienne de Vannes : de la Société polymathique du Morbihan au Musée
d'histoire et d'archéologie 5
    Christophe LE PENNEC

L'industrie lithique de l'Égypte ancienne : les silex taillés du Fayoum 10
    Simone PETACCHI

Le mobilier funéraire : les shabtis 42
    Simone PETACCHI

Le fragment de papyrus funéraire 53
    Simone PETACCHI

Les vases 55
    Simone PETACCHI

Les bijoux 57
    Simone PETACCHI

Les amulettes 59
    Simone PETACCHI

Le cercueil anthropoïde ptolémaïque, les bandelettes de momie des prêtres de Montou,
et la « momie de félin » 64
    Simone PETACCHI

Les terre cuites ptolémaïques 74
    Simone PETACCHI

Les monnaies ptolémaïques 75
    Christophe LE PENNEC

Les tissus coptes 77
    Simone PETACCHI

La céramique égyptienne d'époque médiévale 99
    Simone PETACCHI

Les objets d'époque moderne ou de nature incertaine 101
    Simone PETACCHI

Bibliographie générale du catalogue 102

Index 106

Liste des figures

Carte de l'Égypte et du Soudan anciens, réalisée par Simone Petacchi vii
Figure 1. Buste de Fr. Cailliaud au Muséum d'Histoire Naturelle de Nantes. CC BY-SA 3.0, d'après Wikipedia..................1
Figure 2. Armand Maudet de Penhouët, d'après les *Recherches historiques sur la Bretagne*, 1814, planche 5. 6
Figure 3. Statuette en forme de sphinx (n° IM 2123). Production de Corinthe, en Grèce (cliché de Christophe Le Pennec) 7
Figure 4. Le Mené, *Catalogue du musée archéologique de la Société polymathique du Morbihan*, 1881, 38, avec le report sur la gauche des numéros d'inventaire actuels (catalogue de L. Marsille de 1921). 8
Figure 5. IM 2092.01 (cliché de Christophe Le Pennec)..10
Figure 6. IM 2092.02 (cliché de Christophe Le Pennec)..11
Figure 7. IM 2092.03 (cliché de Christophe Le Pennec)..11
Figure 8. IM 2092.04 (cliché de Christophe Le Pennec)..12
Figure 9. IM 2092.05 (cliché de Christophe Le Pennec)..13
Figure 10. IM 2092.06 (cliché de Christophe Le Pennec)..13
Figure 11. IM 2092.07 (cliché de Christophe Le Pennec)..14
Figure 12. IM 2092.08 (cliché de Christophe Le Pennec)..14
Figure 13. IM 2092.09 (cliché de Christophe Le Pennec)..15
Figure 14. IM 2092.10 (cliché de Christophe Le Pennec)..15
Figure 15. IM 2092.11 (cliché de Christophe Le Pennec)..16
Figure 16. IM 2092.12 (cliché de Christophe Le Pennec)..17
Figure 17. IM 2092.13 (cliché de Christophe Le Pennec)..18
Figure 18. IM 2092.14 (cliché de Christophe Le Pennec)..19
Figure 19. IM 2092.15 (cliché de Christophe Le Pennec)..20
Figure 20. IM 2092.16 (cliché de Christophe Le Pennec)..20
Figure 21. IM 2092.17 (cliché de Christophe Le Pennec)..21
Figure 22. IM 2092.18 (cliché de Christophe Le Pennec)..22
Figure 23. IM 2092.19 (cliché de Christophe Le Pennec)..22
Figure 24. IM 2092.20 (cliché de Christophe Le Pennec)..23
Figure 25. IM 2092.21 (cliché de Christophe Le Pennec)..24
Figure 26. IM 2092.22 (cliché de Christophe Le Pennec)..24
Figure 27. IM 2092.23 (cliché de Christophe Le Pennec)..25
Figure 28. IM 2092.24 (cliché de Christophe Le Pennec)..26
Figure 29. IM 2092.25 (cliché de Christophe Le Pennec)..26
Figure 30. IM 2092.26 (cliché de Christophe Le Pennec)..27
Figure 31. IM 2092.27 (cliché de Christophe Le Pennec)..28
Figure 32. IM 2092.28 (cliché de Christophe Le Pennec)..28
Figure 33. IM 2092.29 (cliché de Christophe Le Pennec)..29
Figure 34. IM 2092.30 (cliché de Christophe Le Pennec)..30
Figure 35. IM 2092.31 (cliché de Christophe Le Pennec)..30
Figure 36. IM 2092.32 (cliché de Christophe Le Pennec)..31
Figure 37. IM 2092.33 (cliché de Christophe Le Pennec)..32
Figure 38. IM 2092.34 (cliché de Christophe Le Pennec)..32
Figure 39. IM 2092.35 (cliché de Christophe Le Pennec)..33
Figure 40. IM 2092.36 (cliché de Christophe Le Pennec)..34
Figure 41. IM 2092.37 (cliché de Christophe Le Pennec)..34
Figure 42. IM 2092.38 (cliché de Christophe Le Pennec)..35
Figure 43. IM 2092.39 (cliché de Christophe Le Pennec)..36
Figure 44. IM 2092.40 (cliché de Christophe Le Pennec)..36
Figure 45. IM 2092.42 (cliché de Christophe Le Pennec)..37
Figure 46. IM 2092.43 (cliché de Christophe Le Pennec)..38
Figure 47. IM 2092.44 (cliché de Christophe Le Pennec)..38
Figure 48. IM 2092.45 (cliché de Christophe Le Pennec)..39
Figure 49. IM 2092.46 (cliché de Christophe Le Pennec)..40
Figure 50. IM 2092.47 (cliché de Christophe Le Pennec)..40
Figure 51. IM 2098 (cliché de Christophe Le Pennec)...42
Figure 52. IM 2099 (clichés de Simone Petacchi & Christophe Le Pennec)..45
Figure 53. IM 2099 (cliché de Simone Petacchi)...46
Figure 54. IM 2100 (clichés de Simone Petacchi & Christophe Le Pennec)..47
Figure 55. IM 2101 (clichés de Simone Petacchi & Christophe Le Pennec)..49
Figure 56. IM 2101 (cliché de Christophe Le Pennec)...49
Figure 57. IM 2105.1 (cliché de Christophe Le Pennec)..51
Figure 58. RL 22.05.2 (cliché de Christophe Le Pennec)...51
Figure 59. IM 2097.1 (cliché de Simone Petacchi)..53
Figure 60. IM 2120 (cliché de Christophe Le Pennec) 55
Figure 61. IM 2121 (cliché de Christophe Le Pennec)...56

Figure 62. IM 2115.1 & IM 2115.2 (cliché de Le Pennec) 57
Figure 63. IM 2115.3 (cliché de Christophe Le Pennec) 58
Figure 64. De gauche à droite : IM 2108.1, IM 2108.2, IM 2112 (clichés de Christophe Le Pennec) 59
Figure 65. De gauche à droite : IM 2109.1, IM 2109.2, IM 2109.3 (clichés de Christophe Le Pennec) 60
Figure 66. De gauche à droite : IM 2114.2, IM 2117 (clichés de Christophe Le Pennec) 60
Figure 67. De gauche à droite, du haut au bas : IM 2114.3, IM 2114.4, IM 2114.6, IM 2114.7, IM 2114.8 (clichés de
  Christophe Le Pennec) 61
Figure 68. De gauche à droite : IM 2110, IM 2111 (clichés de Christophe Le Pennec) 62
Figure 69. IM 2114.1 (clichés de Christophe Le Pennec) 62
Figure 70. IM 2093.1 (cliché de Simone Petacchi) 66
Figure 71. IM 2093.1, un détail de l'*ousekh* et de la déesse Nout (cliché de Simone Petacchi) 67
Figure 72. IM 2093.2, un fragment de l'*ousekh* non plus attaché au cercueil (cliché de Christophe Le Pennec) 67
Figure 73. illustration numérique du front du cercueil avec les registres inscrits (réalisé par Cássio De Arujo-Duarte) ... 68
Figure 74. IM 2095.1-IM 2909.4 (cliché de Christophe Le Pennec) 69
Figure 75. IM 2094 (cliché de Christophe Le Pennec) 71
Figure 76. IM 2116 (cliché de Simone Petacchi) 72
Figure 77. RL 48.02.1.01, front (cliché de Christophe Le Pennec) 73
Figure 78. RL 48.02.1.01, côté gauche (cliché de Christophe Le Pennec) 73
Figure 79. RL 48.02.1.01, l'arrière (cliché de Christophe Le Pennec) 73
Figure 80. Les radiographies de « momie de chat » réalisées en juin 2000 par l'équipe médicale du Centre d'imagerie
  Riva 56 de Vannes. 73
Figure 81. IM 2106 (cliché de Simone Petacchi) 74
Figure 82. NUM 820.001 (cliché de Christophe Le Pennec) 75
Figure 83. NUM 820.002 (cliché de Christophe Le Pennec) 76
Figure 84. IM 2125.01 (cliché de Christophe Le Pennec) 78
Figure 85. IM 2125.02 (cliché de Christophe Le Pennec) 79
Figure 86. IM 2125.03 (cliché de Christophe Le Pennec) 79
Figure 87. IM 2125.04 (cliché de Christophe Le Pennec) 80
Figure 88. IM 2125.05 (cliché de Christophe Le Pennec) 81
Figure 89. IM 2125.06 (cliché de Christophe Le Pennec) 82
Figure 90. IM 2125.07 (cliché de Christophe Le Pennec) 83
Figure 91. IM 2125.08 (cliché de Christophe Le Pennec) 84
Figure 92. IM 2125.09 (cliché de Christophe Le Pennec) 85
Figure 93. IM 2125.10 (cliché de Christophe Le Pennec) 86
Figure 94. IM 2125.11 (cliché de Christophe Le Pennec) 87
Figure 95. IM 2125.12 (cliché de Christophe Le Pennec) 87
Figure 96. IM 2125.13 (cliché de Christophe Le Pennec) 88
Figure 97. IM 2125.14 (cliché de Christophe Le Pennec) 89
Figure 98. IM 2125.15 (cliché de Christophe Le Pennec) 90
Figure 99. IM 2125.16 (cliché de Christophe Le Pennec) 90
Figure 100. IM 2125.17 (cliché de Christophe Le Pennec) 91
Figure 101. IM 2125.18 (cliché de Christophe Le Pennec) 92
Figure 102. IM 2125.19 (cliché de Christophe Le Pennec) 92
Figure 103. IM 2125.20 (cliché de Christophe Le Pennec) 93
Figure 104. IM 2125.21 (cliché de Christophe Le Pennec) 94
Figure 105. IM 2125.22 (cliché de Christophe Le Pennec) 95
Figure 106. IM 2125.23 (cliché de Christophe Le Pennec) 96
Figure 107. IM 2125.24 (cliché de Christophe Le Pennec) 97
Figure 108. IM 2125.25 (cliché de Christophe Le Pennec) 98
Figure 109. IM 2124.1 (cliché de Christophe Le Pennec) 99
Figure 110. RL. 48-02.1.04 (cliché de Christophe Le Pennec) 100
Figure 111. IM 2118 (cliché de Christophe Le Pennec) 101

Remerciements

Nous exprimons nos sincères remerciements à la mairie de Vannes, au Musée d'Histoire et d'Archéologie ainsi qu'à la Société polymathique du Morbihan pour leur soutien et leur collaboration dans la réalisation du catalogue de cette collection égyptienne.

Tout d'abord, le Docteur PETACCHI tient à remercier ses collègues du département d'archéologie, des musées de Vannes, et les membres de la Société polymathique du Morbihan, ainsi que toutes les personnes qui l'ont aidé à compléter l'étude des pièces égyptiennes. En particulier, il souhaite exprimer sa gratitude envers l'autre auteur du livre, Christophe LE PENNEC, pour sa confiance tout au long de ce projet, pour avoir fourni les données incluses dans les notices d'objets du musée ainsi qu'une grosse partie des photographies utilisées dans cette publication. Mr. PETACCHI exprime également sa gratitude envers le Docteur HIKADE (Université de Sydney, Australie) pour l'échange généreux sur les objets lithiques, envers Madame le Docteur BRESH (Université d'Hambourg) pour avoir partagé son expertise sur les cercueils anthropoïdes d'Akhmîm de l'époque ptolémaïque, envers le Docteur DE ARUJO DUARTE (Université de Saint Paul/Musée d'Archéologie et d'Ethnologie de Saint Paul, Brésil) pour l'aide aimable dans la reconstitution du cercueil de la collection pharaonique vannetaise, envers la Prof. IKRAM (Université Américaine du Caire) pour son compte-rendu après l'analyse des images de la momie féline, et également envers Madame la Prof. VERHOEVEN-van-ELSBERGEN (Université de Mayence) et le Docteur MOSHER pour leurs conseils sur la datation, la provenance, et le contenu du texte fragmentaire du papyrus rédigé en hiératique. Enfin, *last but not least*, un grand merci va également au Docteur MAINTEROT (Université de Poitiers), un grand expert des collections de Fr. Cailliaud pour avoir relu le manuscrit et nous avoir accordé la préface à ce volume. À leur tous, le Dr. PETACCHI est redevable pour leur soutien, leur encouragement, leur expertise, et leur collaboration qui ont été inestimables pour lui.

Les deux auteurs sont reconnaissants pour cette opportunité de partager leur passion pour l'Égypte ancienne et de contribuer à l'enrichissement culturel de la ville de Vannes, grâce à la publication de ce catalogue qui permet de faire connaître à tout type de public la totalité de la collection pharaonique du Morbihan. Ils espèrent que cette collaboration pourra se poursuivre dans le futur pour continuer à promouvoir la préservation, la valorisation de ce patrimoine mobilier fascinant et qu'il pourra à certaines occasions être présenté au public. Encore une fois, merci pour votre soutien.

Simone PETACCHI
Docteur en égyptologie, collaborateur scientifique du
Musée d'Histoire et d'Archéologie de Vannes

Christophe LE PENNEC
Responsable des collections du Musée
d'Histoire et d'Archéologie de Vannes

Liste des abréviations

av. J.-C. :	avant Jésus Christ.
ap. J.-C. :	après Jésus Christ.
D :	diamètre.
E :	épaisseur.
et al. **:**	*et alii* (ouvrage collectif).
fig :	figure.
H :	hauteur.
l :	largeur.
IM :	numéro d'inventaire réalisé par L. Marsille (voir son catalogue du 1921).
L :	longueur.
max :	maximal(e).
P :	profondeur.
p :	poids.
pl(s). :	planche/s.
pp. :	page(s).
PT :	*Textes des Pyramides* (Pyramid Texts en anglais).
R :	registre.
RL :	numéro d'inventaire réalisé par Yannick Rollando et Joël Lecornec pour les collections entrées au musée archéologique entre 1922 et 2013.
SPM :	Société polymathique du Morbihan.

Préface

Les collections égyptiennes du Musée d'Histoire et d'Archéologie de Vannes sont intrinsèquement liées à l'histoire de la Société polymathique du Morbihan.

Il faut ainsi remonter au 19e siècle et se plonger dans ce contexte de redécouverte des civilisations anciennes grâce aux collectionneurs, amateurs d'antiquités et autres pionniers de l'archéologie pour saisir toute l'importance de ces objets. L'un des membres de cette société savante, Frédéric Cailliaud (1787-1869), offrit au musée quelques pièces de l'époque pharaonique issues de ses voyages en Égypte entre 1815 et 1822. Par ce geste, il souhaitait contribuer à l'enrichissement scientifique de cette collection.

Le présent ouvrage, sous la direction de Messieurs Simone PETACCHI et Christophe LE PENNEC s'inscrit dans la même démarche, en offrant au grand public l'opportunité de découvrir ces objets, trop longtemps restés méconnus.

On trouvera dans ce catalogue une grande diversité de pièces archéologiques témoignant de l'histoire égyptienne, depuis l'outillage en silex néolithique jusqu'aux céramiques de l'époque fatimide, en passant bien évidemment par le cercueil anthropoïde de l'époque ptolémaïque qui fait figure de pièce maîtresse de cet ensemble. Il est important de noter que cette publication fut également l'occasion pour les auteurs d'étudier dans le détail plusieurs éléments comme la momie de chat, présente depuis 1948 dans les collections du musée, afin d'interpréter son contenu et estimer sa datation.

Souhaitons à présent que cette collection régionale digne d'intérêt puisse être présentée à tous les curieux, petits et grands, toujours fascinés par les merveilles de l'Égypte ancienne.

Philippe MAINTEROT,
Docteur en égyptologie,
Maître de conférences en Histoire de l'art et Archéologie de l'Antiquité,
Université de Poitiers,
Laboratoire HeRMA – UR 15071

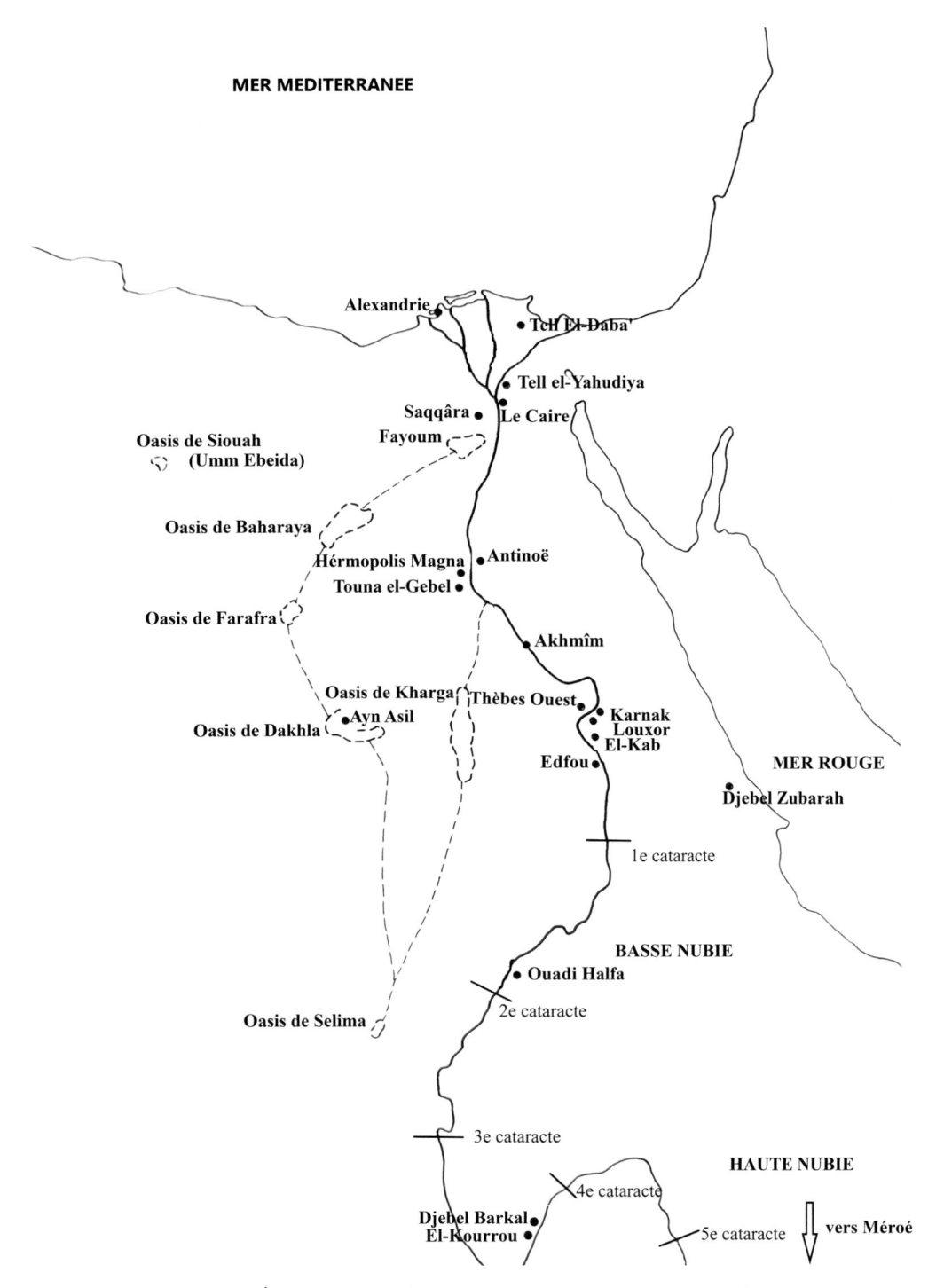

Carte de l'Égypte et du Soudan anciens, réalisée par Simone Petacchi

Frédéric Cailliaud, l'explorateur et le collecteur.
Ses collections privées et ses donations aux musées
et aux sociétés savantes d'Europe

Simone PETACCHI

Figure 1. Buste de Fr. Cailliaud au Muséum d'Histoire Naturelle de Nantes. CC BY-SA 3.0, d'après Wikipedia

L'explorateur nantais Frédéric Cailliaud (Nantes, 1787 – Nantes, 1869), bien que passionné par les sciences naturelles depuis l'enfance, en particulier la géologie et les minéraux, choisit de se former comme bijoutier à l'âge adulte. Ce métier lui permit de voyager un peu partout en Europe. Lorsque l'empire de Napoléon s'effondra, il se retrouva dans le Royaume de Naples, qu'il décida ensuite de quitter pour éviter des conséquences politiques possibles. Il partit rejoindre la cour du Sultan ottoman Mahmoud II au Topkapi, où il devint le spécialiste des pierres précieuses du palais. Depuis Istanbul, inspiré par les dessins des savants de la *Description de l'Égypte* et par les esquisses de Vivant Denon réalisés tout au long de ses voyages dans la vallée du Nil et dans les déserts, il s'embarqua sur un vaisseau qui l'eut conduit dans le delta du Nil. À Alexandrie, il rencontra Bernardino Drovetti, le vice-consul de France, qui, profitant de ses compétences en sciences naturelles, lui proposa de participer à une expédition le long du Nil entre 1815 et 1818, jusqu'à Ouadi Halfa, en amont de la deuxième cataracte du Nil. Il devint rapidement le minéralogiste officiel du vice-roi Méhémet-Ali qui lui confia, entre 1816-1819, trois expéditions à la recherche des anciennes mines d'émeraudes de Ptolémée VI Philométor, au Djebel Zubarah, entre le Nil et la Mer Rouge. Il les trouva finalement, mais elles n'étaient plus exploitables. En tant que premier occidental, il visita les temples pharaoniques de l'Oasis de Kharga et il séjourna plusieurs mois à Thèbes, où il put constituer sa première collection d'antiquités égyptiennes, en achetant des pièces aux locaux, ou en les fouillant lui-même (dans la zone de Louxor), surtout dans les hypogées de Gournah. De retour en France, il vendit cette première collection de 1129 objets[1] à l'État en 1819. Pendant son séjour en Loire-Atlantique, dans sa ville natale, il offrit également quelques objets de l'Égypte ancienne au Muséum d'Histoire Naturelle.[2] Le roi Louis XVIII et sa Commission d'Égypte lui confièrent ensuite une mission d'exploration des territoires inconnus et d'étude des monuments d'Égypte pour en dresser des plans et des relevés en continuité avec le travail mené précédemment par les savants de Napoléon. Il franchit la Nubie pour dessiner une nouvelle carte géographique de ces contrés, puis visita et dessina la planimétrie du temple d'Amon d'Umm Ebeida, dans l'Oasis de Siouah, pour la première fois. Il retourna ensuite à Thèbes en passant par la route des oasis occidentales. En 1820, Frédéric Cailliaud décida de partir en exploration avec le fils du vice-roi, Ismaël Pacha, vers les terres inexplorées de la Haute Nubie, au-delà de la troisième cataracte du Nil. Il rejoignit l'armée d'Ismaël Pacha au Djebel Barkal, en amont de la quatrième cataracte du Nil, et il obtint l'autorisation de continuer sa mission bien plus loin, en cachant son identité sous couverture pour des raisons de sécurité. Un an plus tard, il découvrit la nécropole de Méroé Nord avec ses pyramides et d'autres sites méroïtiques du Butana. Il remonta ensuite le Nil, jusqu'au Royaume de Sennar, entre le Nil Bleu et le Nil Blanc, où il resta un an pour étudier les traditions et les coutumes de ces peuples et pour rechercher les mines d'or de la région, une mission confiée par le vice-roi. De retour en Thébaïde l'année suivante, il continua les relevés, les plans, et les dessins des murs des temples et des tombeaux et il rassembla d'autres objets pour sa deuxième collection d'antiquités, cette fois-ci plus riche et variée, surtout d'objets de la vie quotidienne. En effet, il s'avère que le 90% des objets recueillis en Égypte dont la provenance est mentionnée dans ses documents, proviennent de Thèbes.[3] Sa deuxième collection de 950 objets fut achetée par l'État à son retour en France en 1824, et deux ans plus tard entra au Cabinet du Roi ou le Cabinet des Médailles. Aujourd'hui, une seule petite partie de cette collection est conservée dans le siège de la Bibliothèque Nationale de France, à Paris (en majorité, papyrus et cartonnages inscrits).[4] La collection de Cailliaud est importante en raison de l'exclusivité des pièces de l'Égypte antique qu'elle contient, qui furent parmi les premières à franchir les frontières du pays. À l'époque de Cailliaud, en effet, le Musée Charles X, le futur Musée du Louvre avec ses salles égyptiennes, n'exista pas encore,[5] et les objets pharaoniques furent encore très peu nombreux dans les collections publiques, malgré l'intérêt porté pour la terre des pharaons surtout après 1822, l'année cruciale pour le déchiffrement de l'écriture hiéroglyphique par Jean-François Champollion. Pour le remercier de ses découvertes, la couronne nomma Cailliaud chevalier de la Légion d'Honneur et lui permit de financer la publication de ses récits de voyages en Égypte et en Nubie: la série des volumes *Voyage à Méroé et au Fleuve blanc* (publié entre 1823 et 1827) et *Voyage dans l'oasis de Thèbes et dans les déserts situés à l'est et l'ouest de la Thébaïde* (publié en 1862). Cependant, d'autres pièces restèrent parmi ses biens, et Cailliaud les divisa lui-même parmi les membres de sa famille, ses amis et des sociétés savantes. En 1819, il avait déjà offert des objets pharaoniques au Muséum d'Histoire Naturelle de Nantes, désormais passés au Musée Dobrée en 1856. Cinquante ans après sa donation, en 1869, il fit hommage à la ville de Nantes en lui léguant ses deux collections d'antiquités pharaoniques (226 pièces) qui ont enrichi le fond égyptien du

---

[1] MAINTEROT 2011 : 251–259, en particulier 255. Pour la majorité : des statuettes funéraires, des amulettes, des petits objets, et des bronzes provenant de la nécropole thébaine, d'El-Kâb, d'Edfou et de Touna el-Gebel.
[2] Ici, il occupera le poste de conservateur entre 1836 et 1869.
[3] MAINTEROT 2011 : 304.
[4] MAINTEROT 2011 : 259–266. Cette fois-ci, les pièces ont reçu une étiquette avec un numéro d'inventaire, et une fiche détaillée a été fournie pour accompagner chaque objet. De plus, ce lot d'antiquités comprenait non seulement de petits objets, mais également 83 momies et 10 cercueils, ce qui souligne les dimensions volumineuses des objets et des caisses nécessaires pour les transporter. La sélection des objets était axée sur le matériel inscrit, car il devait alimenter les études linguistiques de J.-F. Champollion. Presque la totalité de cette deuxième collection est entrée au musée du Louvre en 1907.
[5] Les collections de Cailliaud ont sans aucun doute été d'une grande utilité pour les premiers pas d'une nouvelle discipline scientifique, l'égyptologie, reconnue officiellement par l'État et financée généreusement. Ce financement a soutenu non seulement les expéditions érudites en Égypte, telles que celles de Cailliaud entre 1819 et 1824 ou celle de Jean-François Champollion et Ippolito Rosellini du 1828–1829, mais aussi la création d'une chaire de langue et civilisation égyptienne, créée pour Champollion en 1831 au Collège de France, à Paris.

musée archéologique métropolitain acquis depuis 1849.[6] Depuis 1934, toute cette collection passa au Musée départemental Dobrée avec d'autres donations et un dépôt du Musée du Louvre de 1924.[7] Dans sa ville natale, il avait également offert un cercueil en bois anthropoïde à fond jaune de la 21e dynastie, contenant encore sa défunte, à la Société académique en 1826, pour laquelle il organisa une séance où l'on a retiré les bandelettes de la momie. Deux ans après, il fut nommé membre de la Société polymathique du Morbihan de Vannes, à laquelle il dona un lot d'antiquités pharaoniques, peut-être entre 1867 et 1869, incorporée dans la Société d'archéologie, en prévision de la création d'un nouveau musée d'archéologie (ouvert en 1912), en y englobant également les pièces offertes à cette société de savants.[8] Même de manière indirecte, des particuliers purent livrer des pièces pharaoniques de l'explorateur, comme dans le cas du Musée Pincé d'Angers, du Musée du Berry de Bourgues et du Musée Georges Labit de Toulouse, qui reçurent des fragments de lin ou des fragments de cartonnage importés par Cailliaud de l'Égypte.[9] Les biens pharaoniques de Cailliaud furent dispersés après sa mort. En effet, son frère Jean-René Cailliaud vendit en 1855 deux lots d'une cinquantaine d'objets à la Société d'archéologie de Nantes afin d'enrichir les salles du futur musée archéologique de cette ville.

En ce qui concerne la collection pharaonique que nous étudierons dans les pages qui suivent, on compte une trentaine d'objets provenant avec certitude du lot donné par F. Cailliaud à la Société polymathique du Morbihan. À part la main de momie (IM 2094), il s'agit de petits objets du mobilier funéraire, voire une statuette en terre cuite (IM 2106), des amulettes en pierre ou faïence (IM 2107, IM 2108–2114), des shabtis (IM 2099, IM 2100, IM 2101, IM 2105.1), des bagues (IM 2115.1-3), un œil de cercueil anthropoïde (IM 2116) en faïence, et une effigie de Rê-Horakhty en alliage cuivreux (IM 2118). Aucun des objets présents dans la collection de Vannes n'est retrouvable dans les publications de F. Cailliaud, contrairement à certains autres qui ont été destinés à d'autres musées de France. Même la main droite de la momie que Philippe Mainterot pense avoir retrouvé dans un passage du livre *Voyage à Méroé*, où l'explorateur nantais confirme la posséder dans sa collection particulière, ne semble pas correspondre à l'élément conservé dans les collections du musée vannetais. En effet, cette main de momie est aujourd'hui dépourvue de la couche rougeâtre due au henné ; du moins, les traces du pigment ont disparu au fil des siècles.[10] Une controverse a intéressé les linceuls et les bandelettes de lin provenant des tombeaux thébains du clergé de Montou (IM 2095.1-4) et le couvercle du cercueil anthropoïde stuqué, peint et inscrit (IM 2093.1–2). En fait, Cailliaud n'a pas découvert les sépultures des prêtres de Montou, mais Auguste Mariette et son assistant italien Luigi Vassalli. On sait que le cercueil d'Ânkh-ef-en-Khonsou II a été ouvert lors d'une séance où l'on a retiré les bandelettes en présence de Mariette, de membres de la Société d'anthropologie de Paris et d'autres personnages illustres en 1867, pendant l'Exposition Universelle de la capitale française. Il était fort possible que Cailliaud ait participé à cet évènement en tant que délégué départemental, mais on n'a aucune preuve que grâce à lui ces tissus sont arrivés à Vannes comme cadeau-souvenir de cette « cérémonie » officielle. En effet, la confusion pourrait avoir eu lieu car d'autres petits fragments de lin (IM 2096) ont été accompagnés d'une note en papier comme « don de M. Cailliaud », donc associés (à tort ?) d'emblée aux autres encadrés ensemble sous le même numéro d'inventaire (IM 2095), même s'ils n'ont rien à voir avec les autres tissus. De même, le couvercle de cercueil en forme humaine au fond rouge, inventorié comme « sarcophage de bois à forme de momie, couvert de peintures et de hiéroglyphes » et daté de la « XXIIe dynastie... » (c'est-à-dire 943–735 av. J.-C.) a été cité par les premiers éditeurs comme provenant de Thèbes, et par association (trop) audacieuse lié à la figure de F. Cailliaud.[11] Au contraire, le cercueil n'est pas seulement plus récent, car stylistiquement associable aux modèles de l'époque ptolémaïque (305-30 av. J.-C), mais il rentre clairement dans les types produits dans les ateliers d'Akhmîm, dans

---

[6] SANTROT 2008 : 93.
[7] MAINTEROT 2024.
[8] MAINTEROT 2011 : 290.
[9] MAINTEROT 2011 : 293-294.
[10] MAINTEROT 2011 : 291-292.
[11] KERRAND 1917–1919 : 99.

le neuvième nome de la Haute Égypte, et pas dans les modèles thébains (voir fiche de l'objet). F. Cailliaud n'a jamais fouillé dans cette région, et l'on a aucune preuve d'un éventuel achat d'antiquités dans cette contrée nilotique.[12] Il en résulte donc qu'Alexandre Chanu de Limur, le donateur de la pièce, a dû le recevoir par le biais de quelqu'un autre, peut-être comme cadeau qui lui aurait été offert. C'est le cas des bandelettes de la momie d'Ânkh-ef-en-Khonsou II, qui ont été reçues par Cailliaud ou par un autre individu proche de la famille du donateur (peut-être son père, Michel de Limur, célèbre minéralogiste) et qui ont été rentrées dans le fond pharaonique de Vannes au début du 20e siècle.

Cet ouvrage a pour but de faire connaître l'intégralité de la collection des antiquités égyptiennes de la ville de Vannes, de corriger les données incorrectes, et de préciser celles qui étaient lacunaires dans les études précédentes.

---

[12] MAINTEROT 2011 : 305.

La collection égyptienne de Vannes : de la Société polymathique du Morbihan au Musée d'histoire et d'archéologie

Christophe LE PENNEC

Aux origines d'une collection muséale

À la Révolution, les cabinets de curiosités constitués par de riches aristocrates sont le plus souvent saisis, et intégrés dans musées publics nouvellement créés. En Bretagne, c'est notamment le cas avec la collection de Christophe Paul de Robien (1698-1756), président à mortier du parlement de Bretagne.[1] Dans les premières décennies du 19e siècle, quelques érudits commencent à s'intéresser aux monuments anciens, en particulier aux mégalithes de la région de Carnac et de Locmariaquer. C'est le cas, par exemple, d'Armand Maudet de Penhouët qui publie en 1814 un ouvrage sur l'histoire ancienne de la Bretagne.[2] Au-delà d'une simple description de ses observations de terrain, on est assez surpris de ses nombreuses comparaisons un peu forcées avec les civilisations antiques méditerranéennes, y compris avec l'Égypte.[3] C'est ainsi qu'il tente un rapprochement entre des gravures mégalithiques observées à Locmariaquer avec les hiéroglyphes[4] (figure 2), voire davantage : « Nos Armoricaines actuelles portent des coiffes que je ne pourrais mieux vous dépeindre, qu'en les comparant à celles de l'Isis égyptienne ; la variété des couleurs qui composent leurs habillements se retrouve chez les Irlandaises. J'ajouterai que leurs vêtements sont plissés à petits plis, semblables à ceux qu'on remarque dans la gravure d'une statue égyptienne trouvée près d'Aboukir…).[5]

D'autres savants s'intéressent plus sérieusement aux vestiges anciens, comme le chanoine Joseph Mahé,[6] qui publie en 1825 un imposant ouvrage intitulé : *Essai sur les antiquités du département du Morbihan*, que l'on peut considérer comme le premier inventaire des monuments anciens et sites archéologiques alors visibles dans le département.[7] Avec une quinzaine d'autres érudits, il contribue à la création à Vannes, le 29 mai 1826, de la Société polymathique du Morbihan (dorénavant SPM), la plus ancienne société savante de Bretagne.[8]

Dès sa fondation, elle se fixe alors « pour objet de ses études les sciences, les arts et la philologie. Elle s'occupe également de réunir dans un Musée diverses productions naturelles, surtout celles du Morbihan, des produits intéressants des arts et d'autres objets curieux de plusieurs genres » (art. Ier de son règlement intérieur). Des comptes rendus sont publiés annuellement dans des fascicules jusqu'en 1833, et relatent des travaux portant principalement sur les sciences naturelles, l'histoire et la médecine. L'étude des antiquités ne semble pas connaître un engouement particulier d'autant qu'il faut déplorer la disparition du chanoine Mahé en 1831.

Entre les années 1833 et 1860, la SPM ne publie aucun ouvrage, ni aucun compte-rendu de ses séances mensuelles. Cela constitue aujourd'hui une vraie difficulté pour restituer aux mieux les différentes activités de recherches et l'enrichissement des collections muséales de la société savante. Par ailleurs, il semble aussi y avoir des lacunes dans les procès-verbaux publiés au cours du 19e siècle, qui ne restituaient pas forcément l'intégralité des comptes rendus manuscrits des

---

[1] AUBERT 2001.
[2] MAUDET DE PENHOUËT 1814.
[3] Les termes « Égypte » ou « égyptiens » sont utilisés près de trente fois dans l'ouvrage.
[4] MAUDET DE PENHOUËT 1814 : 104-105.
[5] MAUDET DE PENHOUËT 1814 : 100.
[6] Joseph Mahé est né à l'Île-d'Arz le 18 mars 1760 et décédé à Vannes le 4 septembre 1831 à l'âge de 71 ans.
[7] MAHÉ 1825.
[8] LE PENNEC 2011 : 73-96.

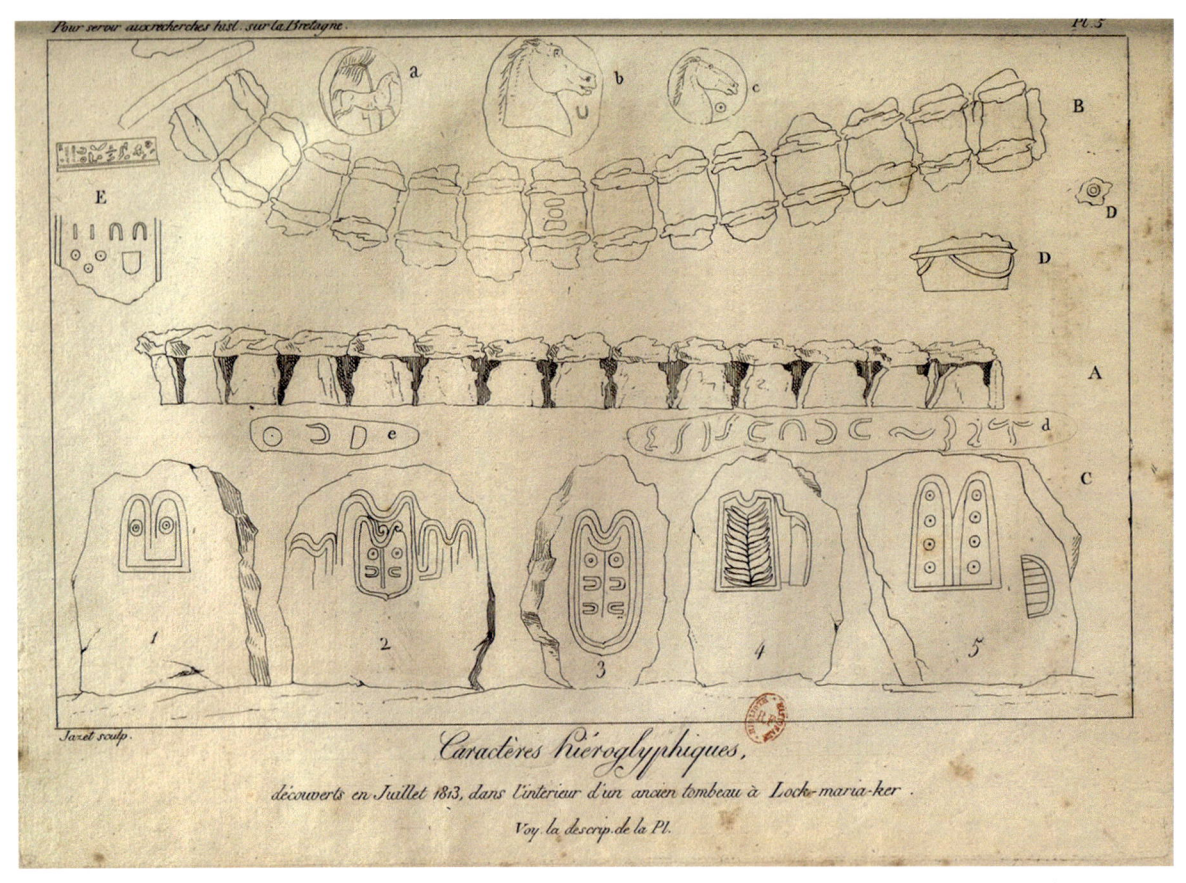

Figure 2. Armand Maudet de Penhouët, d'après les *Recherches historiques sur la Bretagne*, 1814, planche 5.

séances. Ces premières constatations rendent difficiles la recherche sur l'origine et l'année d'entrée de certaines collections archéologiques, notamment égyptiennes.

La collection égyptienne de Vannes

Les objets présentés dans ce catalogue sont issus de différentes acquisitions, dont on peut retracer l'origine. Il s'agit soit de lots homogènes conséquents, soit de quelques objets isolés. La première mention attestée remonte en 1868 avec le don de Mme veuve Lorois, d'un aryballe plastique en forme de sphinx (IM 2123). Celui-ci présente des traces de vernis marron sur les pattes. Initialement classé en objet égyptien, il s'agit ici en réalité d'une production de Corinthe du 7e siècle avant notre ère (figure 3).[9]

Le premier catalogue du Musée archéologique de Vannes considéré comme exhaustif a été publié en 1881, sous les auspices du chanoine Joseph-Marie Le Mené, nouveau conservateur depuis 1880. À la page 38 figure pour la première fois la liste détaillée d'une collection égyptienne donnée par Frédéric Cailliaud. Ces éléments paraissent à nouveau intégralement dans le catalogue de 1921, avec quelques incertitudes de numéros. Par exemple, les fragments de bandelettes (IM 2096), attribuées à un don de Mr de Limur, sont probablement en réalité un don de Cailliaud. Quant aux deux figurines (IM 2105), on dénote une différence de dimensions entre les deux catalogues, peut-être due simplement à une erreur de typographie (figure 4).

En 1886, deux objets égyptiens de la collection de Léon Davy de Cussé sont donnés par ses fils, après son décès : une statuette (IM 2098) et un petit fragment de sculpture de Louxor (IM 2119).[10]

---
[9] DE CUSSÉ 1868 : 199 et pl. LXXXVII ; SANTROT *et al.* 2004 : 197.
[10] LE MENÉ, 1886 : 84 ; LALLEMENT, 1886 : 19.

Figure 3. Statuette en forme de sphinx (n° IM 2123).
Production de Corinthe, en Grèce (cliché de Christophe Le Pennec)

Léon Davy de Cussé (1822-1886) a été un personnage majeur de la SPM, notamment en tant que conservateur du musée archéologique entre 1866 et 1880, auteur du premier catalogue du musée (1867), mais aussi par ses qualités d'illustrateur. En 1888, Arthur Pacqueteau fait don d'une petite statuette égyptienne (IM 2104), peut-être une Isis, émaillée bleu, provenant des fouilles faites à Louxor et de quelques monnaies égyptiennes (Ptolémée II- Ptolémée XII).[11]

Au début du 20e siècle, deux importantes collections égyptiennes viennent enrichir le musée archéologique de la SPM. En 1905, Heywood, Walter Seton-Karr offre 53 silex taillés (IM 2092) du Néolithique provenant de Fayoum, vallée proche du Nil.[12] En mars 1908, Don Émile Guimet, directeur du Musée Guimet, fait don à la SPM d'un lot de tissus coptes polychromes et provenant de fouilles menées de la nécropole d'Antinoë par Albert Gayet.[13]

En 1919, Alexandre de Limur (1851-1922) donne à la SPM une importante collection d'objets archéologiques de civilisations et provenances diverses, notamment du Paléolithique et Néolithique français.[14] On ne sait pas vraiment comment il est devenu propriétaire de tous ces éléments, avant de faire ce don. Il est tout de même utile de rappeler que celui-ci était le fils du célèbre minéralogiste, Michel de Limur (1818-1901) et c'est peut-être par ce biais qu'il a hérité de certains objets. En effet, ce savant naturaliste vannetais a été un contemporain de Frédéric Cailliaud dans le milieu du 19e siècle. Une incertitude forte demeure donc sur l'origine de la collection cédée en 1919, d'autant qu'elle comprend plusieurs importants artefacts égyptiens : couvercle de cercueil anthropoïde en bois polychrome (IM 2093), main droite d'une momie (IM 2094), un cadre renfermant différentes bandelettes de momie (IM 2095) et de menus objets (IM 2097).

Dans la seconde moitié du 20e siècle, trois nouvelles séries d'objets égyptiens entrent au musée. Malheureusement, bon nombre d'entre eux ont été constatés manquants depuis. En effet, sur les trois statuettes funéraires émaillées de vert données par Madame Peltier en souvenir de son

---

[11] LE MENÉ, 1888 : 255 ; LALLEMENT, 1888, 24. La statuette n'a pas été retrouvée dans les collections lors de l'inventaire et du récolement menés à partir de l'année 2000.
[12] LE MENÉ, 1905 : 373 ; LALLEMENT, 1905 : 20.
[13] LALLEMENT 1908 : 9. Une grande partie des objets issus des fouilles d'Albert Gayet a intégré des collections publiques de son vivant. On constate néanmoins aussi une importante dispersion de ses découvertes dans diverses institutions françaises et étrangères, du fait notamment que ses recherches étaient financées par le privé.
[14] KERRAND 1917-1919 : 99-100.

```
                    III. Egypte.
         (Objets recueillis principalement à Thèbes).
              (Vitrine H. — Étiquettes jaunes).

IM 2096    22. Fragments de toile, provenant de momies.
IM 2106    23. Statuette assise, en terre peinte en rouge, haut. 0,112.
IM 2099    24. Statuette en faïence vernissée vert, avec hiéroglyphes, h. 0,095.
IM 2100    25. Statuette vernissée vert, avec hiéroglyphes, haut. 0,098.
IM 2101    26. Statuette vernissée en vert, avec hiéroglyphes, haut. 0,088.
IM 2102    27. Statuette vernissée en vert, avec hiéroglyphes, haut. 0,090.
IM 2103    28. Statuette vernissée en vert, avec hiéroglyphes, haut. 0,090.
IM 2105 ? {29. Statuette vernissée en vert, avec hiéroglyphes, haut. 0,085.
          {30. Statuette vernissée en gris, avec hiéroglyphes, haut. 0,056.
IM 2115    31. Trois anneaux en faïence vernissée en vert.
IM 2118    32. Buste d'Osiris en bronze, à tête d'épervier.
IM 2116    33. Œil de momie en faïence vernissée.
IM 2117    34. Épervier en faïence vernissée en vert.
IM 2107    35. Amulette en pierre blanche, avec hiéroglyphes.
IM 2108    36. Nilomètres en lapis.
          {37. Quatre petites figurines vernissées.
IM 2109   {38. Scarabée en faïence vernissée.
    à     {39. Grenouille en faïence terreuse.
IM 2114   {40. Neuf menus objets, de formes diverses.
                                              (Don de M. Cailliaud.)
```

Figure 4. Le Mené, *Catalogue du musée archéologique de la Société polymathique du Morbihan*, 1881, 38, avec le report sur la gauche des numéros d'inventaire actuels (catalogue de L. Marsille de 1921).

mari en mars 1922, une seule subsiste.[15] Il en est de même pour les trois outils en silex taillés du Néolithique provenant de Haute-Egypte offerts par Joseph Loth en cette même année[16] et d'une autre statuette égyptienne émaillée[17], tous disparus depuis. Il en est malheureusement de même pour certains objets cédés par Louis Audemard (1865–1955). Officier de marine et explorateur de plusieurs régions du monde, il débute sa carrière militaire en Afrique du Nord où il mène des fouilles à Carthage et rapporte également divers artefacts antiques. À sa retraite, en 1918, le capitaine de frégate s'installe à Auray et devient membre de la SPM en 1925. En 1948, il offre notamment une momie de chat (RL 48.02.1.01), une lampe à huile (RL 48.02.1.04) et deux statuettes égyptiennes.[18]

La collection égyptienne de Vannes : bilan et évolution du statut juridique

Les artefacts archéologiques provenant d'Égypte conservés à Vannes s'inscrivent tout à fait dans le même schéma d'acquisition que bon nombre de collections diverses entrées dans les fonds de la SPM aux 19e et 20e siècles. À l'exception des expéditions de Frédéric Cailliaud, il s'agit le plus souvent d'éléments rapportés de voyages comme simples objets de souvenirs, et sans que la destination finale pressentie soit un musée ou une collection publique. Le plus souvent, les objets égyptiens sont arrivés à Vannes par petits lots hétéroclites, parfois avec d'autres éléments de nature ou d'origine géographique différentes. Deux ensembles se dénotent toutefois : Il y a tout d'abord les pièces préhistoriques rapportées par Seton-Karr et dont le musée vannetais n'a pas été le seul destinataire institutionnel en France et à l'étranger. Il y a aussi les fragments de tissus

---
[15] KERRAND 1922 : 20. Une recherche documentaire laisse à penser qu'il pourrait s'agir de la veuve de Charles Peltier, voyageur de commerce, décédé à Vannes en décembre 1921 (*L'Avenir du Morbihan*, 31 décembre 1921). Une seule statuette a été retrouvée depuis (n° RL 22.05.2.1).
[16] KERRAND 1922 : 55. Joseph Loth (1847-1934), natif du Morbihan, était un éminent linguiste et historien.
[17] VILVAUT 1922 : 3–5. Il s'agit d'un don fait par Monseigneur Gouraud de divers objets, issus pour la plupart de la collection de Mr de Bréhier.
[18] BAUDRE 1949 : 10–11. Les deux statuettes n'ont pas été retrouvées à ce jour.

coptes d'Antinoë qui découlaient alors d'une même logique de distribution. Pour ceux que nous conservons, il subsiste d'ailleurs aujourd'hui une différence d'interprétation quant à leur mode d'acquisition, du fait surtout d'une absence notable de documents administratifs probants.[19]

Le mystère demeure entier ou presque pour les objets signalés, soit donnés par Frédéric Cailliaud, soit issus de la collection de cet égyptologue. Des éléments apparaissent pour la première fois dans le catalogue du musée archéologique publié en 1881, sans que l'on puisse retrouver leur date d'entrée. Cailliaud étant décédé en 1869, on aimerait à penser qu'un ultime don à Vannes soit intervenu peu avant, vers 1865-1869. Cela n'est pas invraisemblable sans pourtant être démontrable d'autant que, pour cette période, je n'ai pas retrouvé les comptes rendus originaux des séances mensuelles de la SPM. Seul le décès de Cailliaud est évoqué sobrement dans le bulletin de 1869, sans plus d'indication. Ou alors, s'agit-il d'un don plus ancien effectué dans les années 1830-1840 ? Mes investigations dans les registres de la SPM n'ont rien donné de plus pour étayer cette hypothèse.[20]

D'un point de vue juridique, aucun artefact égyptien n'est issu de collectes récentes et il apparait que leur collecte remonte systématiquement au 19e siècle ou au tout début du siècle suivant. Par les fouilles qu'elle a menées principalement entre 1850 et 1910 dans le Morbihan, la découverte d'objets néolithiques exceptionnels et sa démarche précoce de la création du musée, la Société polymathique a durablement et notablement été bien considérée par les instances de l'État. Par l'importante de la collection muséographique constituée depuis près de deux siècles et du fait de l'existence d'un établissement ouvert au public, le musée de la SPM reçoit l'appellation « musée de France » en 2003, à l'instar du musée municipal des beaux-arts de Vannes.[21]

Dès l'année 2000, par le biais d'une convention de partenariat avec la Ville de Vannes, la gestion du musée et les collections de la société savante est confiée à la collectivité, notamment dans le cadre d'un prêt à usage d'une durée de 50 ans. Après presque deux décennies, la SPM décide de faire don de l'intégralité de sa collection muséographique en décembre 2019. D'un point de vue juridique, cette donation est alors considérée par l'État comme un transfert de propriété du musée d'histoire et d'archéologie à la Ville. Cette dernière est désormais propriétaire de deux musées administrativement distincts, conformément au Code du Patrimoine,[22] l'un dédié aux beaux-arts et l'autre à l'histoire et l'archéologie.

---

[19] Les 25 fragments de tissus coptes sont assez modestes au regard de leur état et de leur taille, par rapport à d'autres collections publiques similaires. Arrivés au musée de Vannes en 1908, toutes les informations publiées dont nous disposons indiquent que l'envoi effectué par Emile Guimet, à partir de collections constituées par Albert Gayet lors de ses fouilles en Égypte, est considéré comme un don par la SPM. LALLEMENT 1908 : 9. MARSILLE 1921 : 123. Le registre original manuscrit d'entrée du musée archéologique est tout aussi clair sur ce point (Archives SPM, MAN n° 1808, 89). De son côté, le Musée du Louvre nous a envoyé la copie d'un tableau intitulé « Liste récapitulative des objets concédés à des musées de province (fouilles d'Antinoë) », dans lequel Vannes apparait pour 1908.
[20] Les archives de la SPM conservent les précieux registres originaux de ses séances mensuelles de mai 1826 à juin 1864, mais étrangement rien pour la période 1865-1869.
[21] *Bulletin Officiel* n°138, juillet-août 2003, 31.
[22] CORNU, NÉGRI 2019 : Article Législative L. 451-10, 206 ; Article Réglementaire R. 451-25, 499.

L'industrie lithique de l'Égypte ancienne : les silex taillés du Fayoum

Simone PETACCHI

Le silex (quartz-calcédoine) taillé est un matériau traditionnel largement utilisé depuis des millénaires en Égypte et au Soudan, depuis la préhistoire jusqu'au moins à l'époque ptolémaïque (2e siècle av. J.-C.).[1] Il est omniprésent sous forme de galets dans la vallée du Nil, et sous forme de nodules ou plaques de dimensions variées dans les bancs de calcaire exploités comme mines à partir du Néolithique. Les artisans de l'antiquité se servaient d'outils tranchants en silex, qu'ils retouchaient au fur et à mesure à l'aide d'un outil en bois. Son usage pendant les millénaires lui a donné une valeur symbolique, et il est souvent associé au feu ou à la consistance parfaite, car il constituait la « chair » qui composait le corps ou l'armure de quelques parties du corps des dieux ou des figures mythiques qui protégeaient les portes de l'au-delà.[2]

La majorité des 46 objets en silex de la collection vannetaise datent du Néolithique, mais certains peuvent être plus anciens.[3] Ils proviennent de la région du Fayoum, où ils ont été recueillis en surface en 1903. Ensuite, ils ont été donnés en 1904 par le collectionneur et membre d'honneur de la Société polymathique du Morbihan, le capitaine de l'armée britannique Heywood, Walter Seton-Karr,[4] un indien de Maharashtra, faisant alors partie des colonies anglaises d'Asie. Il s'agit surtout d'armes anciennes, comme des pointes de flèches, des lances, des couteaux, mais également d'outils d'usage quotidien, comme des scies ou des composants de scie, et des perceurs.

Figure 5. IM 2092.01 (cliché de Christophe Le Pennec)

N° d'inventaire : IM 2092.01

Localisation : Collections du Musée d'histoire et d'archéologie de Vannes.
Acquisition : Don de Heywood, Walter Seton-Karr.
Nature de l'objet : lame taillée avec des retouches bifaces, élément de faucille.
Provenance : Fayoum (désert oriental).[5]
Dimensions (cm) : H : 7,2cm, l : 2,3cm.
Matériau(x) : silex.
Datation : Néolithique-Chalcolithique (vers 5200–3900 av. J.-C.).

---

[1] HIKADE 2001 : 125.
[2] MIDANT-REYNES 1981 : 42–43.
[3] COUTON-PERCHE 2021 : 133.
[4] Il naquit le 2 juin 1859, et il mourut le 12 janvier 1938 à Paddington, en Angleterre. Il étudia à l'Université d'Oxford puis s'engagea au sein de l'armée britannique, ce qui l'amena à partir en Égypte où il collecta les exemplaires offerts à la société vannetaise. Heywood Walter Seton-Karr, fut un explorateur britannique et un collectionneur d'objets archéologiques. Il voyagea en Afrique et en Asie, d'où il rapporta une grande collection d'artefacts qu'il distribua ensuite aux musées du monde entier. C'est ainsi que le musée de Vannes hérita à la fois de silex néolithique d'Égypte, mais aussi de l'Inde : 40 outils du Paléolithique et 2 haches polies du Néolithique.
[5] CATON-THOMPSON, GARDNER 1934 : 23. Le site parait être le Kom Ouest du désert oriental du Fayoum.

État de conservation : très bon.
Bibliographie : Seton-Karr, H. W. 1904. « Fayoom flint implements », *Annales du Service d'Antiquité de l'Égypte* 5 : 148, pl. 20 n° 5 ; Marsille, L. 1921. *Catalogue du musée archéologique de la Société polymathique du Morbihan* : 121.
Description : cette lame taillée a été réalisée d'une seule pièce de silex, avec des retouches bifaces. Un seul côté a été travaillé afin de créer une surface dentelée, probablement pour en faire une scie. Un outil similaire provenant de la même région et daté de la même époque est N 106/19 retrouvé en surface du site Kom W.[6]

Figure 6. IM 2092.02 (cliché de Christophe Le Pennec)

N° d'inventaire : IM 2092.02

Localisation : Collections du Musée d'histoire et d'archéologie de Vannes.
Acquisition : Don de Heywood, Walter Seton-Karr.
Nature de l'objet : lame taillée denticulée, élément de faucille, travail avec des retouches bifaces.
Provenance : Fayoum.
Dimensions (cm) : H : 6,4cm, l : 2,3cm.
Matériau(x) : silex.
Datation : Néolithique-Chalcolithique (vers 5200–3900 av. J.-C.).
État de conservation : très bon.
Bibliographie : Seton-Karr, H. W. 1904. « Fayoom flint implements », *Annales du Service d'Antiquité de l'Égypte* 5 : 148, pl. 20, n° 1 ? Marsille, L. 1921. *Catalogue du musée archéologique de la Société polymathique du Morbihan* :121.
Description : cette lame taillée et bifaciale a été réalisée à partir d'une seule pièce de silex. Seul un côté a été travaillé pour créer une surface dentelée, suggérant qu'il s'agissait d'une scie/faucille.

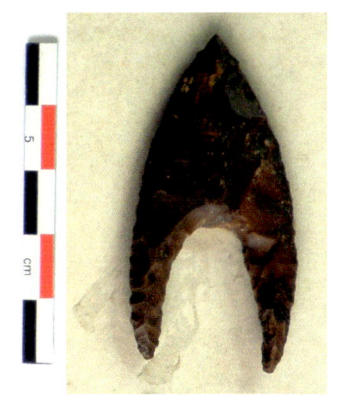

Figure 7. IM 2092.03 (cliché de Christophe Le Pennec)

---
[6] CATON-THOMPSON, GARDNER 1934 : pl. XI, XL.

N° d'inventaire : IM 2092.03

Localisation : Collections du Musée d'histoire et d'archéologie de Vannes.
Acquisition : Don de Heywood, Walter Seton-Karr.
Nature de l'objet : pointe de flèche, travail avec des retouches bifaces.
Provenance : Fayoum.
Dimensions (cm) : H : 5,2cm, l : 2,6cm.
Matériau(x) : silex.
Datation : Néolithique- « Fayoum A » (vers 5200–3900 av. J.-C.).[7]
État de conservation : très bon.
Bibliographie : Seton-Karr, H. W. 1904. « Fayoom flint implements », *Annales du Service d'Antiquité de l'Égypte* 5 : pl. XX, n°1 ; Marsille, L. 1921. *Catalogue du musée archéologique de la Société polymathique du Morbihan* : 121.
Description : cette pointe de flèche est de forme triangulaire, de couleur brune et possède des retouches bifaces. Elle présente une base concave, des ailerons asymétriques aux extrémités pointues, ainsi qu'un sommet très finement pointu.

Figure 8. IM 2092.04 (cliché de Christophe Le Pennec)

N° d'inventaire : IM 2092.04

Localisation : Collections du Musée d'histoire et d'archéologie de Vannes.
Acquisition : Don de Heywood, Walter Seton-Karr.
Nature de l'objet : pointe de flèche.
Provenance : Fayoum.
Dimensions (cm) : H : 3,9cm, l : 2,5cm.
Matériau(x) : silex.
Datation : » Néolithique- « Fayoum A » (vers 5200–3900 av. J.-C.).[8]
État de conservation : très bon.
Bibliographie : Seton-Karr, H. W. 1904. « Fayoom flint implements », *Annales du Service d'Antiquité de l'Égypte* 5 : 148, pl. VIII, 155 ; Marsille, L. 1921. *Catalogue du musée archéologique de la Société polymathique du Morbihan* : 121.
Description : Cette pointe de flèche de forme triangulaire est de couleur brune et possède des retouches bifaces. Sa base est concave, et elle est dotée d'ailerons asymétriques aux extrémités bien dégagés. Sa pointe est fine et rectangulaire

---
[7] HIKADE 2001: 120–124.
[8] HIKADE 2001: 120–124.

Figure 9. IM 2092.05 (cliché de Christophe Le Pennec)

N° d'inventaire : IM 2092.05

Localisation : Collections du Musée d'histoire et d'archéologie de Vannes.
Acquisition : Don de Heywood, Walter Seton-Karr.
Nature de l'objet : pointe de flèche.
Provenance : Fayoum.
Dimensions (cm) : H : 3,1 cm, l : 2,4 cm.
Matériau(x) : silex.
Datation : Néolithique- « Fayoum A » (vers 5200–3900 av. J.-C.).
État de conservation : bon.
Bibliographie : Seton-Karr, H. W. 1904. « Fayoom flint implements », *Annales du Service d'Antiquité de l'Égypte* 5 : 148, ; pl. 20, n° 1 ? Marsille, L. 1921. *Catalogue du musée archéologique de la Société polymathique du Morbihan* : 121.
Description : Cette pointe de flèche de forme triangulaire est de couleur brune et possède des retouches bifaces. Sa base est concave, et elle est dotée d'ailerons asymétriques aux extrémités rectangulaires, dont celui de droite est ébréché. La pointe est tranchante.

Figure 10. IM 2092.06 (cliché de Christophe Le Pennec)

N° d'inventaire : IM 2092.06

Localisation : Collections du Musée d'histoire et d'archéologie de Vannes.
Acquisition : Don de Heywood, Walter Seton-Karr.
Nature de l'objet : pointe de flèche.
Provenance : Fayoum.
Dimensions (cm) : H : 4,6cm, l : 2,5cm.
Matériau(x) : silex.
Datation : Néolithique-Chalcolithique : « Fayoum A » ou « Nagada I» (vers 5200–3900 av. J.-C.).
État de conservation : discret.

Bibliographie : Seton-Karr, H. W. 1904. « Fayoom flint implements », *Annales du Service d'Antiquité de l'Égypte* 5 : 148, ; pl. XVII, XIX ; Marsille, L. 1921. *Catalogue du musée archéologique de la Société polymathique du Morbihan* : 121.

Description : cette pointe de flèche triangulaire de couleur caramel, avec des retouches bifaces, possède une base concave. Elle se présente avec des ailerons asymétriques aux extrémités rectangulaires dont celui de droite est quasi totalement perdu.

Figure 11. IM 2092.07 (cliché de Christophe Le Pennec)

N° d'inventaire : IM 2092.07

Localisation : Collections du Musée d'histoire et d'archéologie de Vannes.
Acquisition : Don de Heywood, Walter Seton-Karr.
Nature de l'objet : pointe de flèche.
Provenance : Fayoum.
Dimensions (cm) : H : 3,2cm, l : 1,4cm.
Matériau(x) : silex.
Datation : Néolithique/ « Fayoum A » (vers 5200–3900 av. J.-C.).
État de conservation : très bon.
Bibliographie : Seton-Karr, H. W. 1904. « Fayoom flint implements », *Annales du Service d'Antiquité de l'Égypte* 5 : pl. XIX ; Marsille, L. 1921. *Catalogue du musée archéologique de la Société polymathique du Morbihan* : 121.
Description : cette pointe de flèche triangulaire à soie large de couleur brun, avec des retouches bifaces, possède des ailerons asymétriques peu dégagés. Très fine dentelure du contour.

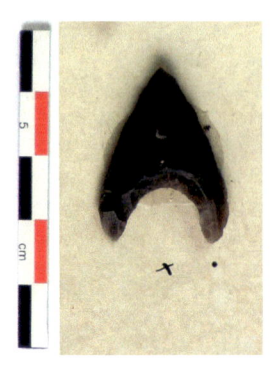

Figure 12. IM 2092.08 (cliché de Christophe Le Pennec)

N° d'inventaire : IM 2092.08

Localisation : Collections du Musée d'histoire et d'archéologie de Vannes.
Acquisition : Don de Heywood, Walter Seton-Karr.
Nature de l'objet : pointe de flèche.
Provenance : Fayoum.

Dimensions (cm) : H : 2,8cm, l : 2,2cm.
Matériau(x) : silex.
Datation : Néolithique/ « Fayoum A » (vers 5200–3900 av. J.-C.).
État de conservation : très bon.
Bibliographie : Seton-Karr, H. W. 1904. « Fayoom flint implements », *Annales du Service d'Antiquité de l'Égypte* 5 : pl. XIX ; Marsille, L. 1921. *Catalogue du musée archéologique de la Société polymathique du Morbihan* : 121.
Description : cette pointe de flèche de forme triangulaire est de couleur brune, et possède retouches bifaces. Elle présente une base concave et des ailerons asymétriques bien dégagés aux extrémités rectangulaires.

Figure 13. IM 2092.09 (cliché de Christophe Le Pennec)

N° d'inventaire : IM 2092.09

Localisation : Collections du Musée d'histoire et d'archéologie de Vannes.
Acquisition : Don de Heywood, Walter Seton-Karr.
Nature de l'objet : pointe de flèche.
Provenance : Fayoum.
Dimensions (cm) : H : 4,4cm, l : 1,6cm.
Matériau(x) : silex.
Datation : Néolithique-Chalcolithique : « Fayoum A »/ « Nagada I » (vers 5200–3900 av. J.-C.).
État de conservation : discret.
Bibliographie : Seton-Karr, H. W. 1904. « Fayoom flint implements », *Annales du Service d'Antiquité de l'Égypte* 5 : pl. XIX ; Marsille, L. 1921. *Catalogue du musée archéologique de la Société polymathique du Morbihan* : 121.
Description : cette pointe de flèche de forme triangulaire est de couleur brun–rougeâtre et possède des retouches bifaces. Elle a une base concave et des ailerons asymétriques bien dégagés, plus longues que ceux des autres spécimens déjà étudiés, et terminés par des extrémités pointues. Cependant, une partie de la pointe de droite a disparue.

Figure 14. IM 2092.10 (cliché de Christophe Le Pennec)

N° d'inventaire : IM 2092.10

Localisation : Collections du Musée d'histoire et d'archéologie de Vannes.
Acquisition : Don de Heywood, Walter Seton-Karr.
Nature de l'objet : pointe de flèche à pédoncule.
Provenance : Fayoum.
Dimensions (cm) : H : 3,6cm, l : 1,5cm.
Matériau(x) : silex.
Datation : Néolithique-Chalcolithique (vers 5200–3900 av. J.-C.).
État de conservation : bon.
Bibliographie : Seton-Karr, H. W. 1904. « Fayoom flint implements », *Annales du Service d'Antiquité de l'Égypte* 5 : pl. XIX ; Marsille, L. 1921. *Catalogue du musée archéologique de la Société polymathique du Morbihan* : 121.
Description : cette pointe de flèche de forme lancéolée est de couleur brun foncé. Elle possède des ailerons asymétriques peu marqués et convexes, ainsi qu'un pédoncule à base rectangulaire.

Figure 15. IM 2092.11 (cliché de Christophe Le Pennec)

N° d'inventaire : IM 2092.11

Localisation : Collections du Musée d'histoire et d'archéologie de Vannes.
Acquisition : Don de Heywood, Walter Seton-Karr.
Nature de l'objet : perceur.
Provenance : Fayoum.
Dimensions (cm) : H : 5cm, l :1,2cm.
Matériau(x) : silex.
Datation : Néolithique-Chalcolithique (vers 5200–3900 av. J.-C.).
État de conservation : bon.
Bibliographie : Seton-Karr, H. W. 1904. « Fayoom flint implements », *Annales du Service d'Antiquité de l'Égypte* 5 : pl. VII ; Marsille, L. 1921. *Catalogue du musée archéologique de la Société polymathique du Morbihan* : 121.
Description : ce perceur de couleur miel possède une base presque hexagonale et un sommet dentelé, bien que la pointe soit arrondie. Un exemple similaire provenant du « Site Z » du Fayoum a également été retrouvé en surface.[9]

---
[9] CATON-THOMPSON, GARDNER 1934 : 77, pl. XLVIII, n° 22.

Figure 16. IM 2092.12 (cliché de Christophe Le Pennec)

N° d'inventaire : IM 2092.12

Localisation : Collections du Musée d'histoire et d'archéologie de Vannes.
Acquisition : Don de Heywood, Walter Seton-Karr.
Nature de l'objet : couteau, travail à retouches bifaces couvrantes et à soie.
Provenance : Fayoum.
Dimensions (cm) : H : 11,3cm, l : 2,7cm.
Matériau(x) : silex.
Datation : Néolithique-Naqada ? (vers 5200–2900 av. J.-C.).
État de conservation : bon.
Bibliographie : Seton-Karr, H. W. 1904. « Fayoom flint implements », *Annales du Service d'Antiquité de l'Égypte* 5 : pl. XVIII ; Marsille, L. 1921. *Catalogue du musée archéologique de la Société polymathique du Morbihan* : 121.
Description : ce couteau de couleur brun est travaillé avec des retouches bifaces couvrantes. Il possède une dentelure fine tout autour de son contour et une partie du manche à base rectangulaire est encore présente.

Figure 17. IM 2092.13 (cliché de Christophe Le Pennec)

N° d'inventaire : IM 2092.13

Localisation : Collections du Musée d'histoire et d'archéologie de Vannes.
Acquisition : Don de Heywood, Walter Seton-Karr.
Nature de l'objet : lame lenticulaire, travaille à retouches bifaces.
Provenance : Fayoum.
Dimensions (cm) : H : 9,3cm, l :1,3cm.
Matériau(x) : silex.
Datation : Néolithique-Naqada ? (vers 5200–3900 av. J.-C.).
État de conservation : bon.
Bibliographie : Seton-Karr, H. W. 1904. « Fayoom flint implements », *Annales du Service d'Antiquité de l'Égypte* 5 : pl. XVIII ; Marsille, L. 1921. *Catalogue du musée archéologique de la Société polymathique du Morbihan* : 121.
Description : cette lame possède une dentelure qui est présente tout autour du contour, ce qui lui donne un aspect dentelé et tranchant.

Figure 18. IM 2092.14 (cliché de Christophe Le Pennec)

N° d'inventaire : IM 2092.14

Localisation : Collections du Musée d'histoire et d'archéologie de Vannes.
Acquisition : Don de Heywood, Walter Seton-Karr.
Nature de l'objet : pointe de lance/javelot avec pédoncule, travail à retouches bifaces.
Provenance : Fayoum.
Dimensions (cm) : H : 8,9cm, l : 1,3cm.
Matériau(x) : silex.
Datation : Néolithique (vers 5500–3400 av. J.-C.).
État de conservation : bon.
Bibliographie : Seton-Karr, H. W. 1904. « Fayoom flint implements », *Annales du Service d'Antiquité de l'Égypte* 5 : pl. XVIII ; Marsille, L. 1921. *Catalogue du musée archéologique de la Société polymathique du Morbihan* : 121.
Description : cette pointe de lance en couleur blanc–jaunâtre possède une dentelure fine tout autour de son contour. La pointe est bien tranchante et elle est pourvue d'un pédoncule à base rectangulaire pour la fixation au support en bois. Un objet similaire par forme et couleur est le n° 64.658 du Musée du Caire, trouvé lui-aussi dans le Fayoum par Mr. Seton-Karr.[10]

---
[10] CURRELLY 1913 : 239, pl. XLIV.

Figure 19. IM 2092.15 (cliché de Christophe Le Pennec)

N° d'inventaire : IM 2092.15

Localisation : Collections du Musée d'histoire et d'archéologie de Vannes.
Acquisition : Don de Heywood, Walter Seton-Karr.
Nature de l'objet : outil foliacé, à retouches bifaces.
Provenance : Fayoum.
Dimensions (cm) : H. 8,4cm, l. 3,4cm.
Matériau(x) : silex.
Datation : Prédynastique (vers 5200–3100 av. J.-C.).[11]
État de conservation : bon.
Bibliographie : Seton-Karr, H. W. 1904. « Fayoom flint implements », *Annales du Service d'Antiquité de l'Égypte* 5 : pl. XIII ? ; Marsille, L. 1921. *Catalogue du musée archéologique de la Société polymathique du Morbihan* : 121.
Description : cette pièce de couleur brune présente une dentelure plus ou moins régulière tout autour de son contour, résultant de retouches bifaces.

Figure 20. IM 2092.16 (cliché de Christophe Le Pennec)

---
[11] Étant donné que l'objet en question provient de la surface, il est préférable d'utiliser une datation plus large, qui couvre toutes les époques préhistoriques de l'Égypte.

N° d'inventaire : IM 2092.16

Localisation : Collections du Musée d'histoire et d'archéologie de Vannes.
Acquisition : Don de Heywood, Walter Seton-Karr.
Nature de l'objet : pointe de lance sans pédoncule, travail à retouches bifaces.
Provenance : Fayoum.
Dimensions (cm) : H : 7,4cm ; l : 2,7cm.
Matériau(x) : silex.
Datation : Néolithique (vers 5200–3900 av. J.-C.).
État de conservation : bon.
Bibliographie : Seton-Karr, H. W. 1904. « Fayoom flint implements », *Annales du Service d'Antiquité de l'Égypte* 5 : pl. XIII ? ; Marsille, L. 1921. *Catalogue du musée archéologique de la Société polymathique du Morbihan* : 121.
Description : cette pointe de lance de couleur brun foncé, possède une dentelure présente tout autour de son contour. Cependant, elle manque du pédoncule nécessaire pour la fixation au support en bois.

Figure 21. IM 2092.17 (cliché de Christophe Le Pennec)

N° d'inventaire : IM 2092.17

Localisation : Collections du Musée d'histoire et d'archéologie de Vannes.
Acquisition : Don de Heywood, Walter Seton-Karr.
Nature de l'objet : racloir, travail à retouches bifaces.
Provenance : Fayoum.
Dimensions (cm) : H : 6,4 cm ; l : 3,1cm.
Matériau(x) : silex.
Datation : Prédynastique (vers 5200–3100 av. J.-C.).
État de conservation : bon.
Bibliographie : Seton-Karr, H. W. 1904. « Fayoom flint implements », *Annales du Service d'Antiquité de l'Égypte* 5 : pl. XIII ? ; Marsille, L. 1921. *Catalogue du musée archéologique de la Société polymathique du Morbihan* : 121.
Description : ce racloir de couleur caramel possède une bordure dentelée tout autour de son contour. L'outil a été travaillé avec des retouches bifaciales, ce qui rend la surface presque plate.

Figure 22. IM 2092.18 (cliché de Christophe Le Pennec)

N° d'inventaire : IM 2092.18

Localisation : Collections du Musée d'histoire et d'archéologie de Vannes.
Acquisition : Don de Heywood, Walter Seton-Karr.
Nature de l'objet : pointe de lance sans pédoncule, travail à retouches bifaces.
Provenance : Fayoum.
Dimensions (cm) : H : 6,2cm ; l : 2,7cm.
Matériau(x) : silex.
Datation : Prédynastique (vers 5200–3100 av. J.-C.).
État de conservation : bon.
Bibliographie : Seton-Karr, H. W. 1904. « Fayoom flint implements », *Annales du Service d'Antiquité de l'Égypte* 5 : pl. XIII ? ; Marsille, L. 1921. *Catalogue du musée archéologique de la Société polymathique du Morbihan* : 121.
Description : cette pointe de couleur brun présente de la chaille calcaire du rognon de silex original sur un côté, dans la partie inférieure. L'objet est pourvu d'une dentelure présente tout autour du contour, et il est dépourvu du pédoncule pour la fixation au support en bois de la lance.

Figure 23. IM 2092.19 (cliché de Christophe Le Pennec)

N° d'inventaire : IM 2092.19

Localisation : Collections du Musée d'histoire et d'archéologie de Vannes.
Acquisition : Don de Heywood, Walter Seton-Karr.
Nature de l'objet : partie d'une pointe de lance lancéolée (travail taillé monoface).

Provenance : Fayoum.
Dimensions (cm) : H : 6,2cm ; l : 2,9cm.
Matériau(x) : silex.
Datation : Néolithique (vers 5200–3900 av. J.-C.).
État de conservation : bon.
Bibliographie : Seton-Karr, H. W. 1904. « Fayoom flint implements », *Annales du Service d'Antiquité de l'Égypte* 5 : pl. XIII ? ; Marsille, L. 1921. *Catalogue du musée archéologique de la Société polymathique du Morbihan* : 121.
Description : cette pointe est de couleur brun foncé et présente des incrustations noires sur une grosse partie de la surface. La base est plutôt plate.

Figure 24. IM 2092.20 (cliché de Christophe Le Pennec)

N° d'inventaire : IM 2092.20

Localisation : Collections du Musée d'histoire et d'archéologie de Vannes.
Acquisition : Don de Heywood, Walter Seton-Karr.
Nature de l'objet : pointe ? travail à retouches unifaces.
Provenance : Fayoum.
Dimensions (cm) : H : 7,9 cm ; l : 4,9 cm.
Matériau(x) : silex.
Datation : Prédynastique (vers 5200–3100 av. J.-C.).
État de conservation : bon.
Bibliographie : Seton-Karr, H. W. 1904. « Fayoom flint implements », *Annales du Service d'Antiquité de l'Égypte* 5 : pl. XIII ? ; Marsille, L. 1921. *Catalogue du musée archéologique de la Société polymathique du Morbihan* : 121.
Description : cette pointe est de couleur brun foncé sur un côté et de couleur crème sur l'autre. Elle possède une dentelure tout autour de son contour.

Figure 25. IM 2092.21 (cliché de Christophe Le Pennec)

N° d'inventaire : IM 2092.21

Localisation : Collections du Musée d'histoire et d'archéologie de Vannes.
Acquisition : Don de Heywood, Walter Seton-Karr.
Nature de l'objet : partie d'une lance/couteau en forme rhomboïdale ? (Travail taillé sur un côté).
Provenance : Fayoum.
Dimensions (cm) : H : 5,1cm ; l : 3,6cm.
Matériau(x) : silex.
Datation : Prédynastique (vers 5200–3100 av. J.-C.).
État de conservation : discret.
Bibliographie : Seton-Karr, H. W. 1904. « Fayoom flint implements », *Annales du Service d'Antiquité de l'Égypte* 5 : pl. XIII ? ; Marsille, L. 1921. *Catalogue du musée archéologique de la Société polymathique du Morbihan* : 121.
Description : cette pièce en silex blond est travaillée uniquement sur un côté, et présente des incrustations blanchâtres et une veinure transversale brune. On peut observer de la chaille calcaire du rognon de silex original sur l'un de ses côtés. Des objets similaires ont été retrouvés dans d'autres sites du Fayoum.[12]

Figure 26. IM 2092.22 (cliché de Christophe Le Pennec)

N° d'inventaire : IM 2092.22

Localisation : Collections du Musée d'histoire et d'archéologie de Vannes.
Acquisition : Don de Heywood, Walter Seton-Karr.
Nature de l'objet : outil de forme irrégulière, travail à retouches bifaces.
Provenance : Fayoum.

---
[12] CATON-THOMPSON, GARDNER 1934 : 20, pl. XXXV, n° 21–22.

Dimensions (cm) : H : 5,9cm ; l : 3,8cm.
Matériau(x) : silex.
Datation : Prédynastique (vers 5200–3100 av. J.-C.).
État de conservation : bon.
Bibliographie : Seton-Karr, H. W. 1904. « Fayoom flint implements », *Annales du Service d'Antiquité de l'Égypte* 5 : 152 ; Marsille, L. 1921. *Catalogue du musée archéologique de la Société polymathique du Morbihan* : 121.
Description : cet outil de couleur marron foncé présente des cavités et des ébréchures sur la base, ce qui nous porte à comprendre qu'il était utilisé comme lame de raclage. Il comporte également de la chaille calcaire du rognon de silex original sur un côté.

Figure 27. IM 2092.23 (cliché de Christophe Le Pennec)

N° d'inventaire : IM 2092.23

Localisation : Collections du Musée d'histoire et d'archéologie de Vannes.
Acquisition : Don de Heywood, Walter Seton-Karr.
Nature de l'objet : outil de forme irrégulière, travail à retouches bifaces.
Provenance : Fayoum.
Dimensions (cm) : H : 7cm ; l : 4,9cm.
Matériau(x) : silex.
Datation : Prédynastique (vers 5200–3100 av. J.-C.).
État de conservation : bon.
Bibliographie : Seton-Karr, H. W. 1904. « Fayoom flint implements », *Annales du Service d'Antiquité de l'Égypte* 5 : 152 ; Marsille, L. 1921. *Catalogue du musée archéologique de la Société polymathique du Morbihan* : 121.
Description : cet outil de couleur marron et de forme presque triangulaire présente des cavités sur un côté et un contour dentelé, indiquant qu'il était utilisé, comme le précédent, comme lame de raclage.[13]

---
[13] CATON-THOMPSON, GARDNER 1934 : 20–21, pl. XLV.

Figure 28. IM 2092.24 (cliché de Christophe Le Pennec)

N° d'inventaire : IM 2092.24

Localisation : Collections du Musée d'histoire et d'archéologie de Vannes.
Acquisition : Don de Heywood, Walter Seton-Karr.
Nature de l'objet : outil de forme irrégulière, travail à retouches bifaces.
Provenance : Fayoum.
Dimensions (cm) : H : 5,6cm ; l : 3,7cm.
Matériau(x) : silex.
Datation : Prédynastique (vers 5200–3100 av. J.-C.).
État de conservation : bon.
Bibliographie : H Seton-Karr, H. W. 1904. « Fayoom flint implements », *Annales du Service d'Antiquité de l'Égypte* 5 : 152 ; Marsille, L. 1921. *Catalogue du musée archéologique de la Société polymathique du Morbihan* : 121.
Description : cet outil de couleur marron foncé et de forme presque ovoïdale a été travaillé sur les deux côtés Il a été utilisé comme le précédent, voire comme une lame de raclage.[14] Il présente de la chaille calcaire du rognon de silex original sur un côté.

Figure 29. IM 2092.25 (cliché de Christophe Le Pennec)

N° d'inventaire : IM 2092.25

Localisation : Collections du Musée d'histoire et d'archéologie de Vannes.
Acquisition : Don de Heywood, Walter Seton-Karr.
Nature de l'objet : outil de forme lancéolée, travail à retouches bifaces.
Provenance : Fayoum.
Dimensions (cm) : H : 5,4cm ; l : 2,6cm.
Matériau(x) : silex.

---
[14] CATON-THOMPSON, GARDNER 1934 : 20–21, pl. XLV.

Datation : Prédynastique (vers 5200–3100 av. J.-C.).
État de conservation : très bon.
Bibliographie Seton-Karr, H. W. 1904. « Fayoom flint implements », *Annales du Service d'Antiquité de l'Égypte* 5 : 152 ; Marsille, L. 1921. *Catalogue du musée archéologique de la Société polymathique du Morbihan* : 121.
Description : cet outil de couleur marron foncé a une forme lancéolée et a été travaillé sur les deux côtés. Il a probablement été utilisé comme lame de raclage, comme le précédent.[15] Les extrémités de ce type d'objet ne sont jamais tranchantes. Il présente de la chaille calcaire du rognon de silex original sur la partie inférieure d'un côté. Un objet similaire, classé come racloir, a également été découvert dans le Fayoum.[16]

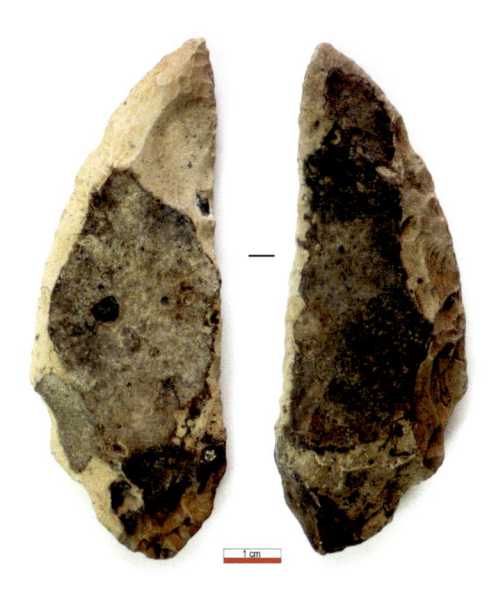

Figure 30. IM 2092.26 (cliché de Christophe Le Pennec)

N° d'inventaire : IM 2092.26

Localisation : Collections du Musée d'histoire et d'archéologie de Vannes.
Acquisition : Don de Heywood, Walter Seton-Karr.
Nature de l'objet : outil en forme de demi–lune, travail avec des retouches bifaces, lame d'une hache ?
Provenance : Fayoum.
Dimensions (cm) : H : 8,8cm ; l : 3,6cm.
Matériau(x) : silex.
Datation : Epipaléolithique et époques suivantes.[17]
État de conservation : très bon.
Bibliographie : Seton-Karr, H. W. 1904. « Fayoom flint implements », *Annales du Service d'Antiquité de l'Égypte* 5 : 152 ; Marsille, L. 1921. *Catalogue du musée archéologique de la Société polymathique du Morbihan* : 121.
Description : cet outil de couleur marron foncé avec des parties blanchâtres a été travaillé sur les deux côtés. Il a probablement servi comme une lame de raclage ou peut-être comme celle d'une hache.

---

[15] CATON-HOMPSON, GARDNER 1934 : 20–21, pl. XLV.
[16] CATON-THOMPSON, GARDNER 1934 : 21, pl. XLVI, n° 7.
[17] HIKADE 2001 : 124.

Figure 31. IM 2092.27 (cliché de Christophe Le Pennec)

N° d'inventaire : IM 2092.27

Localisation : Collections du Musée d'histoire et d'archéologie de Vannes.
Acquisition : Don de Heywood, Walter Seton-Karr.
Nature de l'objet : pointe de lance ?
Provenance : Fayoum.
Dimensions (cm) : H : 5,4 cm ; l : 3,2 cm.
Matériau(x) : silex.
Datation : Prédynastique (vers 5200–3100 av. J.-C.).
État de conservation : bon.
Bibliographie : Seton-Karr, H. W. 1904. « Fayoom flint implements », *Annales du Service d'Antiquité de l'Égypte* 5 : 152 ; Marsille, L. 1921. *Catalogue du musée archéologique de la Société polymathique du Morbihan* : 121.
Description : cette pointe de lance de forme presque triangulaire présente une ébréchure à la base et un sommet pointu. Le contour est partiellement dentelé, et la surface présente des nuances de brun et jaunâtre.

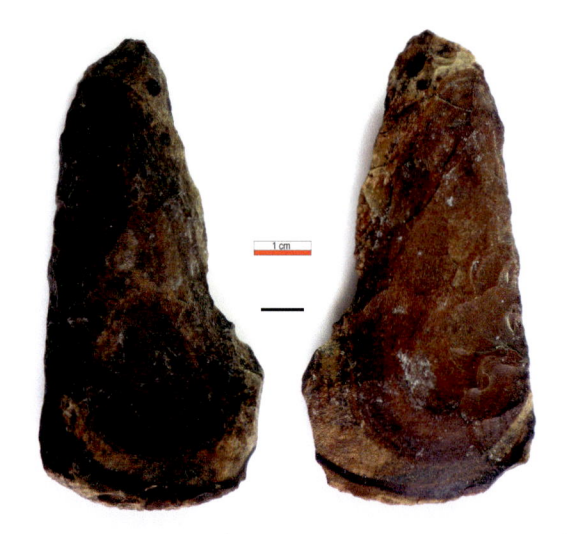

Figure 32. IM 2092.28 (cliché de Christophe Le Pennec)

N° d'inventaire : IM 2092.28

Localisation : Collections du Musée d'histoire et d'archéologie de Vannes.
Acquisition : Don de Heywood, Walter Seton-Karr.
Nature de l'objet : perceur, silex taillé avec des retouches bifaces.
Provenance : Fayoum.

Dimensions (cm) : H : 7,9cm ; l : 1,4cm.
Matériau(x) : silex.
Datation : Néolithique-Chalcolithique (vers 5200–3900 av. J.-C.).
État de conservation : très bon.
Bibliographie : Seton-Karr, H. W. 1904. « Fayoom flint implements », *Annales du Service d'Antiquité de l'Égypte* 5 : 152 ; Marsille, L. 1921. *Catalogue du musée archéologique de la Société polymathique du Morbihan* : 121.
Description : ce perceur de couleur brune possède une base courbée et un sommet plus étroit. Un exemple similaire peut être trouvé dans IM 2092.12.

Figure 33. IM 2092.29 (cliché de Christophe Le Pennec)

N° d'inventaire : IM 2092.29

Localisation : Collections du Musée d'histoire et d'archéologie de Vannes.
Acquisition : Don de Heywood, Walter Seton-Karr.
Nature de l'objet : outil de forme triangulaire, une partie d'une lame ? Travaillé avec des retouches bifaces.
Provenance : Fayoum.
Dimensions (cm) : H : 8,8cm ; l : 3,6cm.
Matériau(x) : silex.
Datation : Epipaléolithique et époques suivantes[18].
État de conservation : très bon.
Bibliographie : Seton-Karr, H. W. 1904. « Fayoom flint implements », *Annales du Service d'Antiquité de l'Égypte* 5 : 185–187 ; Marsille, L. 1921. *Catalogue du musée archéologique de la Société polymathique du Morbihan* : 121.
Description : cet outil de couleur brun, de forme triangulaire, travaillé sur les deux côtés présente de la chaille calcaire du rognon de silex original sur la partie inférieure d'un côté.

---

[18] HIKADE 2001 : 124.

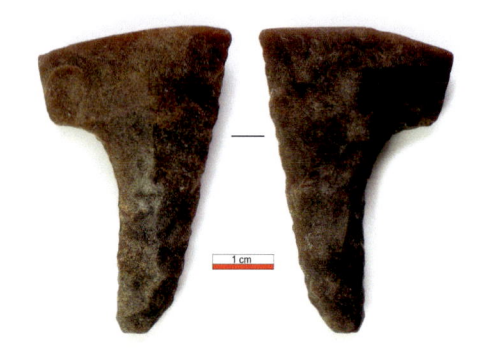

Figure 34. IM 2092.30 (cliché de Christophe Le Pennec)

N° d'inventaire : IM 2092.30

Localisation : Collections du Musée d'histoire et d'archéologie de Vannes.
Acquisition : Don de Heywood, Walter Seton-Karr.
Nature de l'objet : couteau avec une manche. Travail avec des retouches bifaces.
Provenance : Fayoum.
Dimensions (cm) : H : 5,6 cm, l : 3,4 cm.
Matériau(x) : silex.
Datation : Néolithique-Époque thinite (vers 5200–2700 av. J.-C.).
État de conservation : très bon.
Bibliographie : Seton-Karr, H. W. 1904. « Fayoom flint implements », *Annales du Service d'Antiquité de l'Égypte* 5 : pl. XX ; Marsille, L. 1921. *Catalogue du musée archéologique de la Société polymathique du Morbihan* : 121.
Description : ce couteau en silex avec un manche c'est une production typique du Fayoum, il possède comme ceux déjà connus, angle concave pour le raclage.

Figure 35. IM 2092.31 (cliché de Christophe Le Pennec)

N° d'inventaire : IM 2092.31

Localisation : Collections du Musée d'histoire et d'archéologie de Vannes.
Acquisition : Don de Heywood, Walter Seton-Karr.
Nature de l'objet : pointe de lance sans pédoncule. Travail avec des retouches bifaces.
Provenance : Fayoum.
Dimensions (cm) : H : 4,8cm ; l : 2,4cm.
Matériau(x) : silex.
Datation : Prédynastique (vers 5200–3100 av. J.-C.).
État de conservation : très bon.
Bibliographie : Seton-Karr, H. W. 1904. « Fayoom flint implements », *Annales du Service d'Antiquité de l'Égypte* 5 : pl. XX ; Marsille, L. 1921. *Catalogue du musée archéologique de la Société polymathique du Morbihan* : 121.

Description : cette pointe de lance de couleur brun foncé faisait partie d'une lance en bois et présente une dentelure tout autour de son contour. Elle est dépourvue du pédoncule pour la fixation au support en bois. Elle présente de la chaille calcaire du rognon de silex original sur un côté, dans la partie inférieure.

Figure 36. IM 2092.32 (cliché de Christophe Le Pennec)

N° d'inventaire : IM 2092.32

Localisation : Collections du Musée d'histoire et d'archéologie de Vannes.
Acquisition : Don de Heywood, Walter Seton-Karr.
Nature de l'objet : partie de faucille ? Travail avec des retouches unifaces.
Provenance : Fayoum.
Dimensions (cm) : H : 11,5cm ; l : 3,1cm.
Matériau(x) : silex.
Datation : Prédynastique (vers 5200–3100 av. J.-C.).
État de conservation : bon.
Bibliographie : Seton-Karr, H. W. 1904. « Fayoom flint implements », *Annales du Service d'Antiquité de l'Égypte* 5 : pl. XXXVIII–XXXIX, 172 ; Marsille, L. 1921. *Catalogue du musée archéologique de la Société polymathique du Morbihan* : 121.
Description : cet objet, probablement une partie de faucille non identifiée, a une forme de losange irrégulière. Il est travaillé sur un seul côté, et présente de la chaille calcaire du rognon de silex sur l'autre. D'autres exemples plus ou moins similaires ont été recueillis par Seton-Karr et font partie de la collection lithique du Musée égyptien du Caire (nos. 64.277–64.312).[19]

---

[19] CURRELLY 1913 : 188–192, pl. XXXVII.

Figure 37. IM 2092.33 (cliché de Christophe Le Pennec)

N° d'inventaire : IM 2092.33

Localisation : Collections du Musée d'histoire et d'archéologie de Vannes.
Acquisition : Don de Heywood, Walter Seton–Karr.
Nature de l'objet : pointe de lance.
Provenance : Fayoum.
Dimensions (cm) : H : 8cm ; l : 2,8cm.
Matériau(x) : silex.
Datation : Néolithique-Chalcolithique (vers 5200–3900 av. J.-C.).
État de conservation : bon.
Bibliographie : Seton-Karr, H. W. 1904. « Fayoom flint implements », *Annales du Service d'Antiquité de l'Égypte* 5 : pl. XX ; Marsille, L. 1921. *Catalogue du musée archéologique de la Société polymathique du Morbihan* : 121.
Description : cette pointe de couleur brun, faisait probablement partie d'une lance en bois. Elle présente une dentelure tout autour de son contour et la pointe est arrondie. Un côté de la pointe présente de la chaille calcaire du rognon de silex. Un objet similaire de la même collection est IM 2092.14.

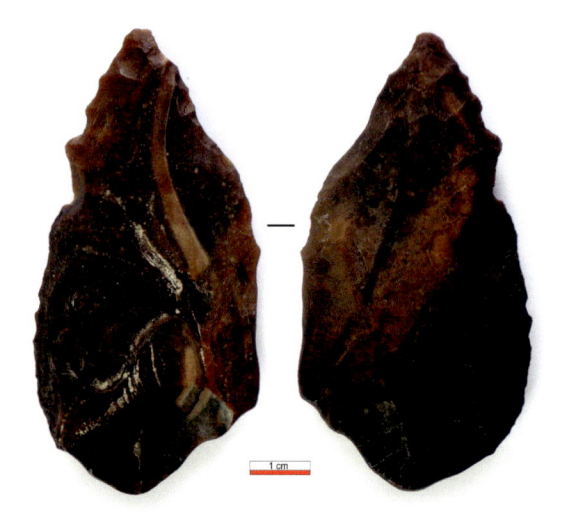

Figure 38. IM 2092.34 (cliché de Christophe Le Pennec)

N° d'inventaire : IM 2092.34

Localisation : Collections du Musée d'histoire et d'archéologie de Vannes.
Acquisition : Don de Heywood, Walter Seton-Karr.
Nature de l'objet : outil en silex travaillé avec des retouches bifaces.
Provenance : Fayoum.
Dimensions (cm) : H : 7,4 cm ; l : 3,7 cm.
Matériau(x) : silex.
Datation : Prédynastique (vers 5200–3100 av. J.-C.).
État de conservation : bon.
Bibliographie : Seton-Karr, H. W. 1904. « Fayoom flint implements », *Annales du Service d'Antiquité de l'Égypte* 5 : pl. XX ; Marsille, L. 1921. *Catalogue du musée archéologique de la Société polymathique du Morbihan* : 121.
Description : cet outil de couleur marron présente une forme irrégulière avec des cavités sur un côté, une base concave et un contour dentelé. Il a été probablement utilisé comme une lame de raclage, tout comme l'outil précédent.

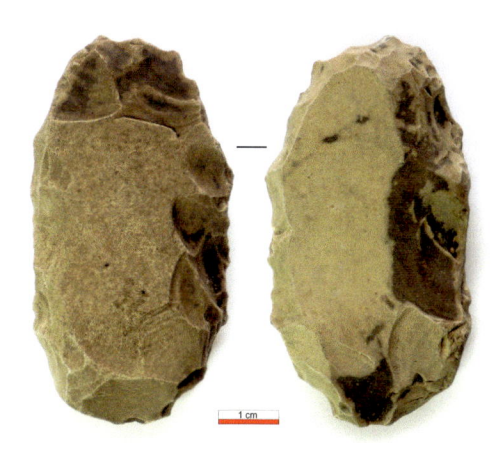

Figure 39. IM 2092.35 (cliché de Christophe Le Pennec)

N° d'inventaire : IM 2092.35

Localisation : Collections du Musée d'histoire et d'archéologie de Vannes.
Acquisition : Don de Heywood, Walter Seton-Karr.
Nature de l'objet : outil en silex travaillé avec des retouches bifaces.
Provenance : Fayoum.
Dimensions (cm) : H : 7,4cm ; l : 3,7cm.
Matériau(x) : silex.
Datation : Prédynastique (vers 5200–3100 av. J.-C.).
État de conservation : bon.
Bibliographie : H Seton-Karr, H. W. 1904. « Fayoom flint implements », *Annales du Service d'Antiquité de l'Égypte* 5 : pl. XX ; Marsille, L. 1921. *Catalogue du musée archéologique de la Société polymathique du Morbihan* : 121.
Description : cet outil en silex a une couleur blonde–verdâtre et une forme presque ovoïdale. Il présente des ébréchures sur les deux côtés.

Catalogue de la collection égyptienne du Musée d'Histoire et d'Archéologie de Vannes

Figure 40. IM 2092.36 (cliché de Christophe Le Pennec)

N° d'inventaire : IM 2092.36

Localisation : Collections du Musée d'histoire et d'archéologie de Vannes.
Acquisition : Don de Heywood, Walter Seton-Karr.
Nature de l'objet : racloir (?) en silex travaillé avec des retouches bifaces.
Provenance : Fayoum.
Dimensions (cm) : H : 7,1cm ; l : 4,5cm.
Matériau(x) : silex.
Datation : Prédynastique (vers 5200–3100 av. J.-C.).
État de conservation : bon.
Bibliographie : Seton-Karr, H. W. 1904. « Fayoom flint implements », *Annales du Service d'Antiquité de l'Égypte* 5 : 185–187 ; Marsille, L. 1921. *Catalogue du musée archéologique de la Société polymathique du Morbihan* : 121.
Description : cet outil en silex brun a une forme presque ovoïdale. Il présente des ébréchures sur les deux côtés.

Figure 41. IM 2092.37 (cliché de Christophe Le Pennec)

N° d'inventaire : IM 2092.37

Localisation : Collections du Musée d'histoire et d'archéologie de Vannes.
Acquisition : Don de Heywood, Walter Seton-Karr.
Nature de l'objet : manche de couteau travaillé avec des retouches bifaces.
Provenance : Fayoum.
Dimensions (cm) : H : 5cm ; l : 2,2cm.
Matériau(x) : silex.
Datation : Néolithique–Chalcolithique (vers 5200–3900 av. J.-C.).

État de conservation : bon.
Bibliographie : Seton-Karr, H. W. 1904. « Fayoom flint implements », *Annales du Service d'Antiquité de l'Égypte* 5 : pl. LXII, 185 ; Marsille, L. 1921. *Catalogue du musée archéologique de la Société polymathique du Morbihan* : 121.
Description : ce manche en silex couleur miel a une base convexe et un sommet coupé transversalement, les côtés sont concaves. L'objet présente des retouches bifaciales.

Figure 42. IM 2092.38 (cliché de Christophe Le Pennec)

N° d'inventaire : IM 2092.38

Localisation : Collections du Musée d'histoire et d'archéologie de Vannes.
Acquisition : Don de Heywood, Walter Seton-Karr.
Nature de l'objet : lame travaillée sur les deux côtés
Provenance : Fayoum.
Dimensions (cm) : H : 7,1cm ; l : 2,2cm.
Matériau(x) : silex.
Datation : Prédynastique (vers 5200–3100 av. J.-C.).
État de conservation : bon mais dépourvu de la partie de la lame.
Bibliographie : H Seton-Karr, H. W. 1904. « Fayoom flint implements », *Annales du Service d'Antiquité de l'Égypte* 5 : 185–187 ; Marsille, L. 1921. *Catalogue du musée archéologique de la Société polymathique du Morbihan* : 121.
Description : cette lame en silex rougeâtre a une forme presque rectangulaire et présente des ébréchures et des retouches bifaciales.

Figure 43. IM 2092.39 (cliché de Christophe Le Pennec)

N° d'inventaire : IM 2092.39

Localisation : Collections du Musée d'histoire et d'archéologie de Vannes.
Acquisition : Don de Heywood, Walter Seton-Karr.
Nature de l'objet : lame travail avec des retouches bifaces.
Provenance : Fayoum.
Dimensions (cm) : H : 6,6cm ; l : 3,1cm.
Matériau(x) : silex.
Datation : Prédynastique (vers 5200–3100 av. J.-C.).
État de conservation : bon.
Bibliographie : Seton-Karr, H. W. 1904. « Fayoom flint implements », *Annales du Service d'Antiquité de l'Égypte* 5 : 185–187 ; Marsille, L. 1921. *Catalogue du musée archéologique de la Société polymathique du Morbihan* : 121.
Description : cette lame en silex brun, avec des nuances blondes, de forme irrégulière, présente des ébréchures sur les deux côtés.

Figure 44. IM 2092.40 (cliché de Christophe Le Pennec)

N° d'inventaire : IM 2092.40

Localisation : Collections du Musée d'histoire et d'archéologie de Vannes.
Acquisition : Don de Heywood, Walter Seton-Karr.
Nature de l'objet : éclat de débitage.
Provenance : Fayoum.
Dimensions (cm) : H :4,4cm ; l : 1,4cm.
Matériau(x) : silex.
Datation : Prédynastique (vers 5200–3100 av. J.-C.).

État de conservation : bon.
Bibliographie : Seton-Karr, H. W. 1904. « Fayoom flint implements », *Annales du Service d'Antiquité de l'Égypte* 5 : 185–187 ; Marsille, L. 1921. *Catalogue du musée archéologique de la Société polymathique du Morbihan* : 121.
Description : cet éclat de débitage en silex miel présente de la chaille calcaire issue du rognon du silex ainsi qu'une fente sur la partie inférieure d'un côté.

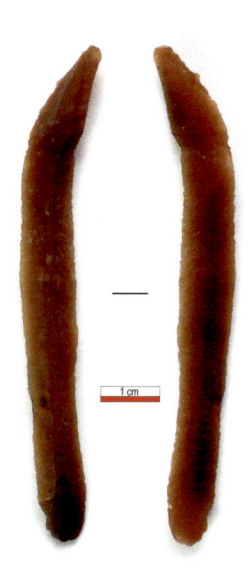

Figure 45. IM 2092.42 (cliché de Christophe Le Pennec)

N° d'inventaire : IM 2092.42

Localisation : Collections du Musée d'histoire et d'archéologie de Vannes.
Acquisition : Don de Heywood, Walter Seton-Karr.
Nature de l'objet : partie d'une lame par pression, un composant d'une faucille.
Provenance : Fayoum.
Dimensions (cm) : H : 8,10cm ; l : 2,2cm.
Matériau(x) : silex.
Datation : Époque Nagada-Époque thinite.
État de conservation : très bon.
Bibliographie : Seton-Karr, H. W. 1904. « Fayoom flint implements », *Annales du Service d'Antiquité de l'Égypte* 5 : 185–187 ; Marsille, L. 1921. *Catalogue du musée archéologique de la Société polymathique du Morbihan* : 121.
Description : cet objet en silex miel est finement travaillé sur un côté. En comparaison avec d'autres exemplaires de lames par pression, il est sans doute un élément pour une faucille. Il présente des nervures parallèles sur le côté travaillé, un sommet bien arrondi et une base légèrement recourbant.[20]

---
[20] KOBUSIEWICZ 2015 : 17, fig. 42–43, 75. MIDANT-REYNES 1983 : fig. 2, 260, 261–262.

Figure 46. IM 2092.43 (cliché de Christophe Le Pennec)

N° d'inventaire : IM 2092.43

Localisation : Collections du Musée d'histoire et d'archéologie de Vannes.
Acquisition : Don de Heywood, Walter Seton-Karr.
Nature de l'objet : lame
Provenance : Fayoum.
Dimensions (cm) : H : 6,1cm ; l : 1,4cm.
Matériau(x) : silex.
Datation : Prédynastique (vers 5200–3100 av. J.-C.).
État de conservation : bon.
Bibliographie : Seton-Karr, H. W. 1904. « Fayoom flint implements », *Annales du Service d'Antiquité de l'Égypte* 5 : 185–187 ; Marsille, L. 1921. *Catalogue du musée archéologique de la Société polymathique du Morbihan* : 121.
Description : cette lame en silex brun en forme de dent, travaillée avec des retouches bifaces couvrantes, présente une dentelure tout autour du contour ainsi qu'une base rectangulaire.

Figure 47. IM 2092.44 (cliché de Christophe Le Pennec)

N° d'inventaire : IM 2092.44

Localisation : Collections du Musée d'histoire et d'archéologie de Vannes.
Acquisition : Don de Heywood, Walter Seton-Karr.
Nature de l'objet : lame-racloir marginal.
Provenance : Fayoum.
Dimensions (cm) : H : 5,9cm ; l : 1,4cm.

Matériau(x) : silex.
Datation : Prédynastique (vers 5200–3100 av. J.-C.).
État de conservation : bon.
Bibliographie : Seton-Karr, H. W. 1904. « Fayoom flint implements », *Annales du Service d'Antiquité de l'Égypte* 5 : 185–187 ; Marsille, L. 1921. *Catalogue du musée archéologique de la Société polymathique du Morbihan* : 121.
Description : cette lame lenticulaire en silex brun est travaillée sur un seul côté, avec une retouche marginale. Elle présente une dentelure tout autour du contour ainsi qu'une pointe. Elle se situait probablement sur le sommet d'une faucille en bois.

Figure 48. IM 2092.45 (cliché de Christophe Le Pennec)

N° d'inventaire : IM 2092.45

Localisation : Collections du Musée d'histoire et d'archéologie de Vannes.
Acquisition : Don de Heywood, Walter Seton-Karr.
Nature de l'objet : lame-racloir marginal.
Provenance : Fayoum.
Dimensions (cm) : H : 5,2cm ; l : 1,2cm.
Matériau(x) : silex.
Datation : Prédynastique (vers 5200–3100 av. J.-C.).
État de conservation : bon.
Bibliographie : Seton-Karr, H. W. 1904. « Fayoom flint implements », *Annales du Service d'Antiquité de l'Égypte* 5 : 185–187 ; Marsille, L. 1921. *Catalogue du musée archéologique de la Société polymathique du Morbihan* : 121.
Description : cette lame-racloir avec une retouche marginale a été travaillé uniquement sur un seul côté. Le contour est légèrement denticulé et la base pointillée. D'autres exemplaires de la même époque ont été trouvés en surface dans le même site.[21]

---
[21] CATON-THOMPSON, GARDNER 1934 : 22, pl. XLIX.

Figure 49. IM 2092.46 (cliché de Christophe Le Pennec)

N° d'inventaire : IM 2092.46

Localisation : Collections du Musée d'histoire et d'archéologie de Vannes.
Acquisition : Don de Heywood, Walter Seton-Karr.
Nature de l'objet : lame-racloir marginal.
Provenance : Fayoum.
Dimensions (cm) : H : 5cm ; l : 1,1cm.
Matériau(x) : silex.
Datation : Prédynastique (vers 5200–3100 av. J.-C.).
État de conservation : bon.
Bibliographie : Seton-Karr, H. W. 1904. « Fayoom flint implements », *Annales du Service d'Antiquité de l'Égypte* 5 : 185–187 ; Marsille, L. 1921. *Catalogue du musée archéologique de la Société polymathique du Morbihan* : 121.
Description : cette lame-racloir à retouche marginale a été travaillé uniquement sur un seul côté. D'autres exemplaires de la même époque ont été trouvés en surface dans le même site (voire objet précédent).

Figure 50. IM 2092.47 (cliché de Christophe Le Pennec)

N° d'inventaire : IM 2092.47

Localisation : Collections du Musée d'histoire et d'archéologie de Vannes.
Acquisition : Don de Heywood, Walter Seton-Karr.
Nature de l'objet : lame-racloir marginal.
Provenance : Fayoum.
Dimensions (cm) : H : 4,8cm ; l : 1,1cm.
Matériau(x) : silex.
Datation : Prédynastique (vers 5200–3100 av. J.-C.).

État de conservation : bon.
Bibliographie : Seton-Karr, H. W. 1904. « Fayoom flint implements », *Annales du Service d'Antiquité de l'Égypte* 5 : 185-187 ; Marsille, L. 1921. *Catalogue du musée archéologique de la Société polymathique du Morbihan* : 121.
Description : cette lame-racloir a été travaillé uniquement sur un seul côté. D'autres exemplaires de la même époque ont été trouvés en surface dans le même site, comme IM 2092.46.

Le mobilier funéraire : les shabtis

Simone PETACCHI

Les serviteurs funéraires, ouchabtis ou shabtis (mot qui signifie en ancien égyptien 'ceux qui répondent') de la collection de Vannes sont tous datant de l'époque tardive de l'Égypte (26e–30e dynasties), et ils sont très peu nombreux par rapport aux lots présentés dans d'autres collections d'antiquités égyptiennes. Ils apparaissent dans les tombeaux du Moyen Empire en tant qu'avatar du défunt, placés dans l'infrastructure pour exécuter les travaux d'entretien des « Champs d'Ilaou », l'au-delà des anciens Égyptiens, où ils pensaient mener une deuxième vie (éternelle) telle qu'ils avaient vécu sur Terre. Au Nouvel Empire, leur fonction évolue, les statuettes n'ont plus le rôle de substitut du mort, mais de ses corvéables, destinés à répondre aux besoins de leur maître (= le/la défunt/e). Leur nombre se multiplie, passant de centaine en centaine, et leur activité est désormais expliquée par le chapitre du *Livre des Morts* qui commence à être inscrit sur le corps de ces statuettes, la formule VI. Ils sont groupés par troupeaux, souvent dirigés par un contremaître, habillé d'un grand pagne, portant le fouet ou le bâton, symboles de commandement. À partir de la 26e dynastie, un pilier dorsal est rajouté au dos des statuettes, souvent inscrit avec le nom du défunt, de sa mère et une liste de ses titres, utiles à la reconstitution de sa vie. Par rapport à la précédente étude (incomplète) de Jules Ballet,[1] il est malheureusement constaté une disparition de certaines pièces de la collection de Vannes, c'est-à-dire trois des cinq statuettes en faïence verte inscrites au nom de Psammétique<m>-awy-Neith (aujourd'hui restent que les exemplaires IM 2099 & IM 2101) et celle en faïence brune-verdâtre au nom de Hor-<m>-hetep (ici, on doit faire confiance à Ballet pour la lecture du prénom, car aucune photographie n'a été publiée dans son article).

Figure 51. IM 2098 (cliché de Christophe Le Pennec)

---
[1] BALLET, 1900 : 39–40.

N° d'inventaire : IM 2098

Localisation : Collections du Musée d'histoire et d'archéologie de Vannes.
Acquisition : Don des fils de Mr. Monsieur Léon Davy de Cussé en 1886.
Nature de l'objet : statuette funéraire (shabti) de Wahibrê, faisant partie du mobilier du défunt.
Provenance : probablement Saqqâra, lieu d'inhumation (non précisé) de son propriétaire, comme signalé sur une note d'accompagnement d'un autre exemplaire qui est conservé au Neues Museum de Berlin.[2]
Dimensions (cm) : H : 17.4cm ; l : 4.9cm ; P : 4,3cm.
Matériau(x) : faïence brune avec des parties rougeâtres.
Datation : 26ᵉ Dynastie (664–610 av. J.-C.)
Typologie de Schneider : 5.3.1 Tc : C1 XI A1 W36 H2 I8 B26a Tp 12/P.
État de conservation : discret, avec rupture aux chevilles et reconstitution de la partie manquante. Restauration ancienne au niveau des chevilles avec un collage en cire rougeâtre et insertion d'un tenon en métal dans le corps principal. La partie inférieure de la barbe postiche est partie, aucun fragment de celle-ci a été signalé dans la collection vannetaise.
Bibliographie : J. Baillet, « Collection égyptologique du Musée de Vannes », *Bulletin de la Société polymathique du Morbihan* (1889), 186–187 ; J. Baillet, « Antiquités égyptiennes du Musée de Vannes », *Recueil de travaux relatifs à la philologie et à l'archéologie égyptiennes et assyriennes* 22 (1900), 39–40 ; L. Marsille, *Catalogue du musée archéologique de la Société polymathique du Morbihan*, 1921, 122.
Expositions : 2010 (mars–avril) : Kiosque - exposition (Black et Mortimer).
Description : Le shabti/oushabti de dimensions moyennes présente une apparence momiforme et est tellement cuit que sa surface est désormais brune-noirâtre. Sa silhouette est mince et élancée, le visage ovale est coiffé d'une perruque tripartite à long pans lisses. Les oreilles sont grandes, bien dessinées et visibles, le menton porte une barbe postiche tressée qui devait sans doute recourber à son extrémité inférieure. Un grand soin a été mis dans les détails du visage : grands yeux en amande, sourcils fins et élégants, lèvres pulpeuses. Les mains sont croisées sur la poitrine et tiennent les instruments aratoires : une houe à droite et un hoyau avec corde du sac à grain à gauche. Ce sac en forme trapézoïdale et en filet pend sur l'épaule gauche. L'objet est d'une facture soignée, comme en témoigne le tressage de la barbe et de la corde qui soutient le sac des grains.
Texte : sur le pilier dorsal, une seule ligne verticale avec des hiéroglyphes bien tracés s'articule, mais elle est malheureusement corrompue en raison d'une rupture aux niveaux des chevilles. Cela empêche la lecture du prénom de la mère du propriétaire. Son prénom, dépourvu de tout type de titres, est un basilophore et célèbre le roi Psammétique Iᵉʳ :

Sḫḏ Wsir W3ḥ-ib-rʿ msw < in T3-ḥtrt > m3ʿ-ḫrw
« L'illuminé, l'Osiris Wah-ib-rê,[3] engendré <par Ta-hetcheret>,[4] juste de voix ».

Parallèles : il y a de nombreux spécimens faisant partie du même trousseau funéraire, conservés dans plusieurs musées européens. Un de ces spécimens, conservé au Neues Museum de Berlin (n° d'inventaire ÄZ 942) a été enregistré comme objet provenant de Saqqâra, où sa tombe, jusqu'ici inconnue, avait été déjà saccagée pendant le XVIIᵉ siècle. En fait, un exemplaire conservé à la Biblioteca Ambrosiana de Milan a été acheté par Settala à cette époque. Le fait important est qu'une autre figurine du même individu soit arrivée dans les collections vaticanes (n° inv. 19363, Musée Grégorien) par le marché antiquaire de Rome, ce qui pourrait indiquer une même provenance pour l'exemplaire de Settala.

Nous présentons ici une liste des parallèles faisant partie de deux groupes, réalisés par deux moules différentes : le «Groupe A», un type avec une inscription frontale et une pioche dans la

---

[2] KAISER, 1967 : 139, n°89, fig. 905.
[3] PN I : 72, 28.
[4] PN I : 366, 8.

main gauche, et le «Groupe B», avec deux seules houes et l'inscription placée derrière, sur le pilier dorsal, auquel appartient l'exemplaire de Vannes.

Pour le «Groupe A» : deux exemplaires sont enregistrés en Norvège : shabti EM 311,22,c et shabti EM 311,22,d au Musée ethnographique d'Oslo[5] et un exemplaire en Danemark, n° d'inv. ÆN 3555, au Musée national de Danemark, Copenhagen [6] ; en Allemagne, un spécimen, ÄZ 942, est au Neues Museum, Berlin,[7] deux au Kaiserwerth Museum de Düsseldorf,[8] trois, nos. 867, 904, 1247 au Museum Schloss Hohentübingen de Tübingen,[9] et une statuette, n° 2096 fait partie de la collection égyptienne de l'Université de Heidelberg.[10] Dans la collection privée de Gustav Memminger à Freudenstadt, l'exemplaire avec le numéro d'inventaire 86 ;[11] en Croatie un oushabti, le n° B125 est conservé au Musée d'archéologie de Split ;[12] en France, un exemplaire est à signaler également au Musée des confluences de Lyon avec le n° LY. 5.3.1.2 (ex-collection du Musée Guimet d'histoire naturelle) ;[13] l'on compte six spécimens, les nos. 382.1, 382.3, 382.4, 382.5, 382.6, 382.8, au Musée de l'archéologie méditerranéenne de la Vieille Charité de Marseille ;[14] en Italie, l'on compte deux exemplaires, un de ce groupe est XVII 111 conservé aux Musei Civici agli Eremitani de Padoue ;[15] au Royaume Uni on compte six exemplaires : NMS A. 1906. 715 au Musée National d'Écosse, à Édimbourg ;[16] EA65576 et EA71248 au British Museum de Londres) ;[17] 1969W2977 au Birmingham Museum and Art Gallery ;[18] RA 241 au Warrington Museum & Art Gallery de Warrington ;[19] un dernier oushabti, le n°1970.1 au Manchester Museum.[20] Deux statuettes du même type est enregistré en Lituanie, au Musée municipal de Vilnius.[21] Un exemplaire est aussi enregistré dans les collections suisses, un oushabti, BÄ 4, fait partie du musée de l'Université de Bâle,[22] un autre, le n° 21890 (ex collection égyptienne du Musée national de Cracovie, aujourd'hui disparu.[23] Un exemplaire, le n°19363 est également présent dans les Musée Grégorien du Vatican.[24]

En dehors de l'Europe, un spécimen, M.A.03.5.3, est exposé au Metropolitan Museum of Art, New York, et un autre, E12962, est à l'University of Pennsylvania Museum of Archaeology and Anthropology de Philadelphie.[25] On doit ajouter à la liste les exemplaires vendus aux enchères, tels que celui de la maison Sotheby's du catalogue du 8/12/2004, le numéro 46,[26] celui du catalogue de la maison Bonhams du 20/10/2005,[27] celui de la maison Christie's, du catalogue du 14/4/2011, le numéro n° 141 qui faisait partie de l'ex collection parisienne de Mr. Jansen),[28] ainsi que l'exemplaire d'une autre collection parisienne, celle de Ch. Bouché, mise aux enchères à l'hôtel Drouot le 24/10/2012.[29]

---

[5] NAGUIB, 1985 : 1, 98–100.
[6] MOGENSEN, 1918 : 71. On doit corriger ici la référence de l'article de MUSSO ; PETACCHI, 2012 : 340-354. Il faut faire ici une correction : le musée en question est bien le Musée national de Danemark et non le Carlsberg Glyptotek de la même ville.
[7] KAISER, 1967 : 89.
[8] GUGLIELMI, 1988 : 21–23.
[9] BRUNNER-TRAUT *et al.*, 1981 : 287, pl. 128.
[10] FEUCHT, 1986 : 144.
[11] PAMMINGER, 1990 : 126.
[12] BUDISCHOVSKY, 1971 : 206.
[13] VERGNIEUX, 1982 : 67, pl. III.
[14] Communication personnelle avec Mr. Gilles Deckert, ancien responsable de la collection égyptienne du Musée d'Archéologie Méditerranéenne de Marseille, 28/01/2022. MASPERO, 1889 : 77, n° 182.
[15] Communication personnelle avec Mme. Francesca Veronese, conservatrice des musées auprès de la mairie de la ville de Padoue, 10/01/2022.
[16] JANES, 2011 : 53.
[17] JANES, 2011 : 53.
[18] WATSON, 2021 : 31, n° 48. www.bmag.org.uk/uploads/fck/file/shabti%20master%20v1_3.pdf (site visité en septembre 2021).
[19] JANES, 2011 : 53.
[20] JANES, 2011 : 53.
[21] BERLEV ; HODJASH, 1998 : 99–100, 121–122.
[22] SCHLÖGL ; BRODBECK, 1990 : 261.
[23] SNITKUVIENĖ, 2008 : 156, n° 169. Nous remercions vivement l'auteur pour nous avoir envoyé une copie de la page en question.
[24] GRENIER, 1996 : 48–49, pl. XXXII, n° 75.
[25] Inédit. Un grand merci à la conservatrice, Mme Wegner, qui a aimablement mis à notre disposition des clichés et une fiche d'entrée de cet exemplaire, en nous permettant de l'insérer dans l'un des deux groupes.
[26] SOTHEBY'S, 2004 : 46.
[27] BONHAMS, 2005 : 45.
[28] CHRISTIE'S, 2011 : 141.
[29] DROUOT, 2012 : 73, n°116.

Le mobilier funéraire : les shabtis

Pour le «Groupe B» : un exemplaire est conservé au Musée d'Art et d'histoire de Bruxelles portant le numéro d'inventaire E. 6862,[30] et un autre est en Écosse, portant le numéro d'inventaire A. 1892. 663 du Musée national d'Écosse d'Édimbourg.[31] En France, deux shabtis du même trousseau, les nos. 382.2 et 382.7, sont conservés au Musée de l'Archéologie Méditerranéenne de la Vieille Charité de Marseille.[32]

En Italie, un exemplaire, le n° d'inv. 2262, appartient à une collection du XVIIe siècle, celle de Settala qui est conservée à la Veneranda Biblioteca Ambrosiana de Milan,[33] un autre, bien bruni à cause d'une cuisson excessive, est le XVII 129 est aux Musei Civici agli Eremitani de Padoue.[34] Un troisième exemplaire du lot norvégien, EM 311,22,b, se situe au Musée ethnographique d'Oslo[35] et un autre exemplaire, Eg. 307, au Musée d'ethnographie de Neuchâtel, en Suisse.[36]

Figure 52. IM 2099 (clichés de Simone Petacchi & Christophe Le Pennec)

N° d'inventaire : IM 2099

Localisation : Collections du Musée d'histoire et d'archéologie de Vannes.
Acquisition : Don de Frédéric Cailliaud.
Nature de l'objet : statuette funéraire (shabti) de Psammétique<m>-awy-Neith, faisant partie d'un lot de cinq statuettes du même personnage offertes par F. Cailliaud, mais présentent des variantes du texte.
Provenance : Saqqâra ?
Dimensions (cm) : H : 11cm ; l : 3,5cm ; P : 2,1cm.
Matériau(x) : faïence verte avec des parties noircies au feu, un peu partout sur la surface.

---

[30] DOYEN ; WARMENBOL, 2004 :cat. 13, 16. https://www.carmentis.be:443/eMP/eMuseumPlus?service=ExternalInterface&module=collection&objectId=83728&viewType=detailView (accès fait en Septembre 2021).
[31] JANES, 2011 : 53.
[32] Communication personnelle avec Mr. Gilles Deckert, ancien responsable de collection, 28/01/2022. MASPERO, 1889 : 77, n°182.
[33] MUSSO ; PETACCHI, 2012 : 342–344.
[34] Communication personnelle avec Mme Francesca Veronese, conservatrice auprès de la mairie de la ville de Padoue, 10/01/2021.
[35] NAGUIB, 1985 : 1, 98–100.
[36] SCHLÖGL ; BRODBECK, 1990 : 262.

Datation : 26ᵉ Dynastie (664–610 av. J.-C.)
Typologie de Schneider : 5.3.1 Tc : C1 XI A1 W36 H5 ? I6 ? B19a Tp ?
État de conservation : bon, exemplaire intact, avec un texte complet et lisible, la glaçure verte est irrégulière.
Bibliographie : J. Baillet, « Collection égyptologique du Musée de Vannes », *Bulletin de la Société polymathique du Morbihan* (1889), 186–187 ; J. Baillet, « Antiquités égyptiennes du Musée de Vannes », *Recueil de travaux relatifs à la philologie et à l'archéologie égyptiennes et assyriennes* 22 (1900), 40–41 ; L. Marsille, *Catalogue du musée archéologique de la Société polymathique du Morbihan*, 1921, 122.
Expositions :   2008 : exposition « Des collections et des hommes »
   2010 (mars–avril) : Kiosque - exposition (Black et Mortimer).
Description : Le shabti d'aspect momiforme est de petite dimension. La perruque tripartite lisse avec deux pans antérieurs peu développés entoure un visage rond et arbore de grandes oreilles à peine tracées. En revanche, les yeux, le nez, la bouche et la barbe tressée sont bien dessinés. Les mains sont croisées sur la poitrine et tiennent les instruments aratoires : une houe à droite et un hoyau avec corde du sac à grain à gauche. Ceci, en forme triangulaire, pend sur l'épaule gauche. Le pilier dorsal n'est pas séparé du pan de la perruque et il demeure anépigraphe.
Texte : la face antérieure de la statuette est gravée de deux lignes verticales avec des hiéroglyphes bien tracés qui présentent uniquement le nom du défunt et de sa mère. Ce type de position du texte hiéroglyphique n'est pas attesté dans la classification de Schneider.[37] Son prénom est malheureusement dépourvu de tout type de titres :

Sḥḏ Wsỉr Psȝmṯk <m> -ꜥwy-Ntt msw n Tȝ-dỉ(t)-pȝ-bk mȝꜥ ḫrw
« L'illuminé, l'Osiris Psammétique<m>-awy-Neith, engendré de Ta-di(t)-pa-bek,[38] juste de voix ».

Parallèles : deux autres exemplaires sont à citer, ils font partie de la collection pharaonique du Musée des Beaux-Arts et d'Archéologie de Besançon, nos d'inventaire 931. 1. 19 et A. 785.[39] Ce dernier semble avoir été fait à partir du même moule que l'exemplaire vannetais, mais il n'a qu'une seule colonne centrale dont le nom de la mère est illisible.

Figure 53. IM 2099 (cliché de Simone Petacchi)

---
[37] SCHNEIDER, 1977b : 176–177.
[38] PN I : 373, n°6.
[39] GASSE, 1990 : 61–62.

LE MOBILIER FUNÉRAIRE : LES SHABTIS

Figure 54. IM 2100 (clichés de Simone Petacchi & Christophe Le Pennec)

N° d'inventaire : IM 2100

Localisation : Collections du Musée d'histoire et d'archéologie de Vannes.
Acquisition : Don de Frédéric Cailliaud.
Nature de l'objet : statuette funéraire (oushabti) d'Ânkh-Hor, superintendant de la Haute Égypte et majordome de la Divine Adoratrice Nitocris.
Provenance : tombeau d'Ânkh-Hor[40] (TT 414), nécropole de l'Assasif, Thèbes Ouest.[41]
Dimensions (cm) : H : 9.6cm ; l : 3.5cm ; P : 2cm.
Matériau(x) : faïence bleu turquoise.
Datation : 26e Dynastie, règne de Psammétique II-Apriès (595–570 av. J.-C.)
Typologie de Schneider : 5.3.1 Tc :C1 XA4 W34 H23 I9 8 B26a Tp2b/V.VIIA.
État de conservation : bon. L'exemplaire est intact, avec un texte complet et lisible. La glaçure bleue est homogène et bien répartie sur toute la surface. Des traces blanc-grisâtres, parfois brunes, sont présentes sur le devant et à l'arrière, il s'agit de la cristallisation du sel.
Bibliographie : J. Baillet, « Collection égyptologique du Musée de Vannes », *Bulletin de la Société polymathique du Morbihan* (1889), 186–187 ; J. Baillet, « Antiquités égyptiennes du Musée de Vannes », *Recueil de travaux relatifs à la philologie et à l'archéologie égyptiennes et assyriennes* 22 (1900), 39 ; L. Marsille, *Catalogue du musée archéologique de la Société polymathique du Morbihan*, 1921, 122.
Expositions : 2002–2004 : Exposition « A la découverte des richesses d'une société savante ».
2008 : exposition « Des collections et des hommes »
2010 (mars-avril) : Kiosque - exposition (Black et Mortimer).
Description : Le shabti est de petite taille et momiforme. La perruque tripartite lisse avec deux pans antérieurs entoure un visage rond. Les grandes oreilles sont bien dessinées, les yeux, le nez, la bouche et la barbe sans marque de tressage sont bien individualisés. Quelques traits sont particuliers comme le regard dirigé vers le haut dans certains spécimens et le torse de forme trapézoïdale.[42] Les mains qui sortent du suaire sont croisées sur la poitrine et tiennent les instruments aratoires : une houe à droite et un hoyau à gauche. Le sac à grain ainsi que le pilier dorsal n'ont pas été réalisés. Le

---

[40] La lecture faite par J. Baillet, qui s'est occupé pour la première fois de la collection vannetaise, est clairement erronée, il n'existe aucun « Aba » dans le texte, et le titre n'est pas non plus « *imy-r sšw n nswt* » mais « *imy-r Šmˁ* ».
[41] La tombe de ce dignitaire de cour au service de la Divine Adoratrice Nitocris a été mise à jour par l'égyptologue autrichien M. Bietak dans les années '70, voir BIETAK ; REISER-HASLAUER, 1978 ; BIETAK ; REISER-HASLAUER, 1982.
[42] MEFFRE, 2020 : 53.

fait qu'un seul instrument aratoire ait été représenté est un élément iconographique rare, que l'on retrouve uniquement dans les modèles de Pa-di-hor-senet et de Pa-di-mahes, ainsi que dans les statuettes funéraires du roi nubien Senkamanisken.[43] La ressemblance des shabtis de cet homme de la cour royale avec les statuettes kouschites/napatéennes se justifie par le fait qu'Ânkh-Hor s'adressait à un atelier thébain qui continuait de produire ces objets selon la tradition de la 25e dynastie, et peut-être c'était le même qui réalisait les modèles en vogue pendant cette période précédente.[44]

Texte : la statuette est gravée de sept lignes horizontales séparées par deux lignes parallèles. Le texte est copié sur toute la surface de la statuette, même sur sa base. Les hiéroglyphes, petits, avec une incision profonde, sont bien tracés et présentent le nom du défunt et un seul de ces titres importants. Le chapitre 6 du *Livre des Morts* est également écrit à l'arrière, même sur le pan de la perruque, où il est copié sur deux lignes verticales :

ḏd mdw in Wsir imy-r Šmꜥw ꜥnḫ-ḥr I wšꜣ <b> tyw ipn …. mꜣꜥ-ḫrw
« Paroles dites par l'Osiris, le surintendant à la Haute Égypte Ânkh-Hor : … ô cet oushabti…, juste de voix ».

Parallèles : Il y a deux types de statuettes créées pour le chambellan de la Divine Adoratrice. Celles du premier groupe sont parfois plus grandes, mesurant 10,6 de haut (« Groupe A »), tandis que les autres sont plus petites, mesurant 9,6 cm de haut, du même type de l'exemplaire vannetais (« Groupe B »). Les statuettes du « Groupe A » ne présentent pas le texte sur le pan de la perruque et parfois même pas sur le haut de l'arrière. À ce premier groupe appartiennent N 2667/4, N 2667/15, N 2667/16, N 2667/19, N 2667/20, N 2734 D du musée du Louvre de Paris,[45] et un autre exemplaire est au musée municipal de Dijon, AF 13869.[46] Quelques exemplaires sont conservés au British Museum, les nos. EA 8992, EA 9000, EA 9002, EA 13794, EA 13800, EA 13802 (ils sont complètement anépigraphes à l'arrière), EA 13795, EA 13801.

Au « Groupe B » appartient un plus grand nombre d'exemplaires, trente-six de la collection pharaonique du Musée du Louvre de Paris, N 2667/1-3, N 2667/15, N 2667/17-18, N 2667/21-28, N 2734 D-F.[47] En France, on compte quatre exemplaires au Musée des Beaux-Arts de Dijon, dépôts du Musée du Louvre, les nos. AF 13876, AF 13927, AF 13934, AF 13938 ;[48] deux autres spécimens demeurent dans la collection privée de la famille Aubert ;[49] en Holland, deux exemplaires sont conservés au musée Rijksmuseum van Oudheden de Leiden avec le numéro d'inventaire AF 53a et AF 54a.[50] Au Royaume Uni, vingt-six sont les exemplaires qui font partie de la collection égyptienne du British Museum : EA 8989, EA 8990, EA 8993–8999, EA 9001, EA 9003–9004, EA 13777, EA 13779, EA 13784–13785, EA 13789, EA 13791, EA 13797–13798, EA 13803, EA 13807, EA 33965, EA 34035, EA 55284, EA 55285,[51] un seul appartienne à l'Ashmolean Museum, en prêt au Queen's College d'Oxford, le n° 96.[52] En dehors de l'Europe, on compte un exemplaire, le numéro 1914.586, qui est conservé au Cleveland Museum of Arts, aux États Unis.[53]

---

[43] JANES, 2012 : 155.
[44] BROEKMAN, 2012 : 133–134.
[45] https://collections.louvre.fr/en/ark:/53355/cl010012842; https://collections.louvre.fr/en/ark:/53355/cl010012686; https://collections.louvre.fr/en/ark:/53355/cl010012828; https://collections.louvre.fr/en/ark:/53355/cl010012422 (accès en septembre 2021).
[46] LAURENT ; DESTI, 1997 : 95–96, n° 110-114. https://collections.louvre.fr/en/ark:/53355/cl010014032 (accès en septembre 2021).
[47] BIETAK ; REISER-HASLAUER, 1982 :175, pl. 106B-113A. Tous les exemplaires sont consultables en ligne, sur la base des données du site web du Louvre.
[48] LAURENT ; DESTI, 1997 : 95–96, n° 110-114.
[49] AUBERT ; AUBERT, 1974 : 218, 296, pl. 55. BIETAK ; REISER–HASLAUER, 1982 : pl. 116A.
[50] SCHNEIDER, 1977 : 124–125 ; SCHNEIDER, 1977a : 195–196, pl. 123 ; SCHNEIDER, 1977b : pl. 73, n° 5.3.1.206 et 5.3.1.209.
[51] BIETAK ; REISER–HASLAUER, 1982 : 175, pl. 106B-113A.
[52] BIETAK ; REISER–HASLAUER, 1982 : pl. 113B.
[53] BERMAN, 1999 : 450–451 n° 349.

Figure 55. IM 2101 (clichés de Simone Petacchi & Christophe Le Pennec)

Figure 56. IM 2101 (cliché de Christophe Le Pennec)

D'autres spécimens font partie de collections privées, telles que celles étudiées par G. Janes,[54] et celle de Ch. Bouché mise en vente à l'hôtel Drouot en 2012.[55] Deux autres statuettes de ce dernier groupe ont récemment été mises en vente, l'une auprès d'une galerie d'art suisse,[56] et l'autre auprès

---
[54] JANES, 2012 : 154–155.
[55] DROUOT-DE MAIGRET, 2012 : 85, n°142.
[56] http://www.ostracon.ch/News2009/ankHHorE/ankhHorE.htm#1 (site visité en septembre 2021).

d'une boutique d'antiquités canadienne.[57] À partir des années '90, plusieurs exemplaires ont été mis en vente aux enchères sur le marché public.[58]

N° d'inventaire : IM 2101

Localisation : Collections du Musée d'histoire et d'archéologie de Vannes.
Acquisition : Don de Frédéric Cailliaud.
Nature de l'objet : statuette funéraire (shabti) de Psammétique<m>-aawy-Neith, faisant partie d'un lot de cinq statuettes du même personnage offertes par F. Cailliaud, mais présentant des variantes du texte.
Provenance : Saqqâra ?
Dimensions (cm) : H : 9cm ; l : 2,7cm ; P : 2,7cm.
Matériau(x) : faïence vert foncé avec des parties noircies au feu, un peu partout sur la surface.
Datation : 26e Dynastie (664–610 av. J.-C.)
Typologie de Schneider : 5.3.1 Tc : C1 XI A1 W36 H5 ? I6 ? B19a Tp ?
État de conservation : bon, exemplaire intact, avec un texte complet et lisible, la glaçure verte est irrégulière.
Bibliographie : J. Baillet, « Collection égyptologique du Musée de Vannes », *Bulletin de la Société polymathique du Morbihan* (1889), 186–187 ; J. Baillet, « Antiquités égyptiennes du Musée de Vannes », *Recueil de travaux relatifs à la philologie et à l'archéologie égyptiennes et assyriennes* 22 (1900), 40–41 ; L. Marsille, *Catalogue du musée archéologique de la Société polymathique du Morbihan*, 1921, 122.
Expositions : 2008 : exposition « Des collections et des hommes »
2010 (mars–avril) : Kiosque - exposition (Black et Mortimer).
Description : Le shabti d'aspect momiforme, et de petites dimensionnes, est presque identique au spécimen IM 2099, faisant également partie du même troupeau de serviteurs funéraires. La perruque tripartite lisse, avec deux pans antérieurs peu développés, entoure un visage rond, et arbore de grandes oreilles à peine tracées. En revanche, les yeux, le nez, la bouche et la barbe tressée sont bien dessinées. Les mains sont croisées sur la poitrine et tiennent les instruments aratoires: une houe à droite et un hoyau avec corde du sac à grain à gauche, qui pend en forme triangulaire sur l'épaule gauche. Le pilier dorsal n'est pas séparé du pan de la perruque et reste plat et anépigraphe.
Texte : la face antérieure de la statuette est gravée de deux lignes verticales avec des hiéroglyphes bien tracés qui présentent uniquement le nom du défunt et de sa mère. Malheureusement, son prénom est dépourvu de tout type de titres :

Sḥḏ Wsìr Psꜣmṯk<m>-ꜥwy-Ntt msw n Tꜣ-dì(t)-pꜣ-bk mꜣꜥ-ḫrw
« L'illuminé, l'Osiris Psammétique-awy-Neith, engendré de Ta-di(t)-pa-bek,[59] juste de voix ».

N° d'inventaire : IM 2105.1 & IM 2105.2[60]

Localisation : Collections du Musée d'histoire et d'archéologie de Vannes.
Acquisition : Don de Frédéric Cailliaud.
Nature de l'objet : statuette funéraire (shabti) anépigraphe, faisant partie d'un lot de statuettes offertes par l'explorateur nantois.
Provenance : inconnue.
Dimensions (cm) : H : 6,3cm ; l : 1,7cm ; P : 1,2cm.
Matériau(x) : faïence verte-turquoise, lucide.
Datation : Basse Époque.
Typologie de Schneider : 5.3.4 Tc :C1 XIC W16 H0 I0 B0 Tp0.
État de conservation : bon, exemplaire intact, mais sans aucune inscription.

---

[57] https://medusa-art.com/antiquities-gallery/egyptian/ancient-egyptian-shabti-for-ankh-hor.html (site visité en septembre 2021).
[58] BONHAMS, 1996 : n°471; DROUOT, 1996 :n° 227–228 ;
[59] PN I : 373, n°6.
[60] La deuxième statuette identique mentionnée dans l'ancien inventaire Marsille a disparu.

Le mobilier funéraire : les shabtis

Figure 57. IM 2105.1 (cliché de Christophe Le Pennec)   Figure 58. RL 22.05.2 (cliché de Christophe Le Pennec)

Bibliographie : J. Baillet, « Collection égyptologique du Musée de Vannes », *Bulletin de la Société polymathique du Morbihan* (1889), 186 ; J. Baillet, « Antiquités égyptiennes du Musée de Vannes », *Recueil de travaux relatifs à la philologie et à l'archéologie égyptiennes et assyriennes* 22 (1900), 39 ; L. Marsille, *Catalogue du musée archéologique de la Société polymathique du Morbihan*, 1921, 122.
Expositions : 2002–2004 : Exposition « A la découverte des richesses d'une société savante ».
2008 : exposition « Des collections et des hommes »
Description : L'oushabti, d'aspect momiforme, est de petite taille. La perruque tripartite lisse, avec deux pans antérieurs peu développés, entoure un visage ovale. Les grandes oreilles sont à peine visibles, tandis que les yeux, le nez, la bouche et la barbe sont peu distincts. Le dos de la statuette est plus grossier et n'a pas été travaillé.

N° d'inventaire : RL 22.05.2

Localisation : Collections du Musée d'histoire et d'archéologie de Vannes.
Acquisition : Don de Madame Peltier en mars 1922, attesté par une étiquette adhésive à l'arrière. Dans le même lot se trouvaient deux autres statuettes aujourd'hui disparues.
Nature de l'objet : petite statuette funéraire (shabti) anépigraphe.
Provenance : inconnue.
Dimensions (cm) : H : 7,2cm ; l : 3,3cm ; E : 1,6cm.
Matériau(x) : faïence verte, lucide, mais la couche d'émaille manque sur plusieurs parties de la surface, notamment à l'arrière.
Datation : Basse Époque.
Typologie de Schneider : 5.3.4 Tc : C1. X1A6 W? H1 I10 ? B0 Tp0.
État de conservation : bon.
Bibliographie : J. Baillet, « Antiquités égyptiennes du Musée de Vannes », *Recueil de travaux relatifs à la philologie et à l'archéologie égyptiennes et assyriennes* 22 (1900), 40–41.
Expositions : 2010 (mars–avril) : Kiosque - exposition (Black et Mortimer).

Description : L'oushabti a une apparence momiforme est de taille assez petite. La perruque, mal conservée, semble être ronde et courte, entourant un visage ovale. Les grandes oreilles sont à peine esquissées, et les yeux, le nez, la bouche et la barbe sont peu distincts. Les mains sont croisées sur la poitrine, la main droite tenant apparemment une corde, et la main gauche une houe étroite. Le dos n'est pas travaillé.

Le fragment de papyrus funéraire

Simone PETACCHI

Figure 59. IM 2097.1 (cliché de Simone Petacchi)

N° d'inventaire : IM 2097.1

Localisation : Collections du Musée d'histoire et d'archéologie de Vannes.
Acquisition : Don d'Alexande de Limur en juin 1919.
Nature de l'objet : fragment de papyrus faisant partie d'un *Livre des Morts*.
Provenance : Thèbes. Une note d'accompagnement présente l'objet figuré (erronément) comme un « nilomètre ». Il est inséré dans un cadre de carton à l'intérieur, lui-même, d'un autre cadre qui contient d'autres petits cadres avec des grains de blé (IM. 2097.2), des fils à coudre (IM. 2097.3) et un fragment rectangulaire de bandelette de momie (H : 7cm, l : 4cm ; IM. 2097.4). L'étiquette manuscrite atteste d'une provenance thébaine, dans des hypogés du lieu, mais hors contexte archéologique.
Dimensions (cm) : H : 7cm ; l : 3,5cm.
Matériau(x) : papyrus.
Datation : époque ptolémaïque. Au niveau de la paléographie, il est similaire au Papyrus de Iâhmes, Louvre p3086.[1]
État de conservation : bon.
Bibliographie : L. Marsille, *Catalogue du musée archéologique de la Société polymathique du Morbihan*, 1921, 122.
Expositions : 2008–2009, Exposition « Graines » (Ecomusée de Rennes).
Description : il s'agit d'un petit fragment de papyrus écrit en hiératique.[2] Les premiers signes à l'encre noir et rouge à l'angle droit du sommet sont un « r » + un élément décoratif figurant les

---

[1] Je tiens à remercier Mme U. Verhoeven-van Elsbergen, prof. d'égyptologie à l'Université de Mayence, et spécialiste du hiératique tardif, pour m'avoir confirmé cette datation après une analyse paléographique. Communication personnelle du 7/11/2022. https://collections.louvre.fr/en/ark:/53355/cl010378381 (accès fait en novembre 2022).
[2] Écriture cursive de l'égyptien ancien (note de l'auteur).

perles du collier « *nwb* », et ils composent clairement le titre du Chapitre 155 du *Livre des Morts* auquel la vignette (image peint en bas) se réfère. Le texte peut être ainsi transcrit :

< *r n ḏd n* > *nwb rdì r* < *ḥḥ n ꜣḥw* > = « <Formule pour l'amulette-*djed*,> en or, <à porter> au <cou du bienheureux> ».[3] Le texte prévoyait sa récitation sur une amulette en forme de pilier, recouverte en or, qui devait être portée au cou par le défunt le jour de ses funérailles. La présence de ce titre au sommet de la vignette, sans aucune ligne de séparation entre ceci et l'image ni la présence de cadres renfermant l'image ou le texte, confirme un « style 1 » de la typologie élaborée par le Dr. Mosher,[4] c'est-à-dire une production thébaine qui corrobore donc la provenance écrite dans l'étiquette d'accompagnement du cadre qui contient le papyrus, les grains de blé et les fils de tissu.

Le dessin tracé à l'encre noir représente clairement le pilier *djed*, et figure la vignette du Chapitre 155 de ce corpus funéraire. Sous l'image, deux lignes de textes qui se lisent de droite à gauche (de l'observateur), ici transcrites en hiératique, reportent seulement les généralités du défunt, le destinataire du papyrus. Malheureusement, ces deux lignes ne reportent pas ses titres ni les liens familiers à cause de la fragmentation du texte et de la pièce.

On peut lire : < *ḏd mdw in* > *Wsìr pꜣ-*<*di*>*-Wꜣst(y)*, « <paroles prononcées par> l'Osiris, Pa<di>ouaset(y) (= celui qui est donné par le Thébain) ». Le prénom Padiouasety n'est pas répertorié dans les volumes de H. Ranke[5] ou dans les ouvrages d'onomastique de ses successeurs à partir de M. Thirion.[6] Ce nom semble être un rare prénom contenant une épithète de deux dieux de Karnak, Amon-Rê ou de Montou, mais il n'est pas attesté ailleurs.

La deuxième ligne est plus complexe, car le texte est fort lacunaire. On peut reconnaître la préposition *ḥr*, et le signe de la lèvre, *wn(w)*. On aurait dû trouver ici le nom de la mère du défunt et ses titres, mais sans d'autres signes lisibles, on ne peut rien ajouter de plus.

---

[3] Je tiens à remercier le Dr. M. Mosher pour l'aide apportée dans la lecture et dans la datation de cette partie du texte, ainsi que pour les suggestions de parallèles de papyrus présentant des éléments en commun. Il a également confirmé une provenance thébaine. Communication personnelle du 29/10/2022.
[4] MOSHER, 2018 : 174–175.
[5] RANKE, 1935 ;
[6] BACKES ; DRESBACH, 2007.

Les vases

Simone PETACCHI

Figure 60. IM 2120 (cliché de Christophe Le Pennec)

N° d'inventaire : IM 2120

Localisation : Collections du Musée d'histoire et d'archéologie de Vannes.
Acquisition : ?
Nature de l'objet : céramique imitant la production levantine et destinée à contenir des onguents, des huiles parfumés.
Provenance : Saqqâra. Une note d'accompagnement de l'objet atteste qu'il a été trouvé sur le « seuil du Sérapéon », hors contexte archéologique.
Dimensions (cm) : H : 10,8cm ; D : 7,5cm.
Matériau(x) : terre cuite.

Datation : 1600–1530 av. J.-C. (sur la base de la stratigraphie de Tell El-Dabʿa).
État de conservation : bon.
Bibliographie : L. Marsille, *Catalogue du musée archéologique de la Société polymathique du Morbihan*, 1921, 123.
Expositions : 2010 (mars–avril) : Kiosque - exposition (Black et Mortimer).
Description : petite amphore à une anse circulaire du type Tell el-Yahudiya. La forme est biconique et carénée ; le col est cylindrique et assez étroit, le pied de la base a une forme arrondie. Le décor a été réalisé par incision : deux bandes de chevrons sur la panse centrale et une bande de lignes obliques en points sur la partie inférieure. Un coté de la panse est un peu abîmé, probablement dû à une mauvaise cuisson non homogène. Sur la base du décor, l'objet peut s'inscrire dans le groupe L5 de la récente classification de D. Aston.
Parallèles : Pour la classification de ce type de céramique voir : ASTON ; BIETAK : 2012, 221, 231–239.

Figure 61. IM 2121 (cliché de Christophe Le Pennec)

N° d'inventaire : IM 2121

Localisation : Collections du Musée d'histoire et d'archéologie de Vannes.
Acquisition : ?
Nature de l'objet : céramique à pate orange à et col étroit.
Provenance : Canal de Suez (hors contexte archéologique).
Dimensions (cm) : H : 10cm, D : 5,5cm.
Matériau(x) : terre cuite.
Datation : Troisième Période Intermédiaire-époque ptolémaïque.
État de conservation : bon, mais manquant du sommet du col.
Bibliographie : L. Marsille, *Catalogue du musée archéologique de la Société polymathique du Morbihan*, 1921, 123.
Description : petite bouteille réalisée au tour, à panse presque globulaire, col étroit et petite base en forme de bouton, probablement utilisée comme récipient d'onguents parfumés.

Les bijoux

Simone PETACCHI

Figure 62. IM 2115.1 & IM 2115.2 (cliché de Le Pennec)

N° d'inventaire : IM 2115.1 & IM 2115.2

Localisation : Collections du Musée d'histoire et d'archéologie de Vannes.
Acquisition : Don de Frédéric Cailliaud.
Nature de l'objet : parure et bijoux.
Provenance : inconnue.
Dimensions (cm) : diamètre externe de 2,4 et 2,5cm.
Matériau(x) : faïence turquoise.
Datation : Nouvel Empire-Basse Époque.
État de conservation : bon.
Bibliographie : J. Baillet, « Collection égyptologique du Musée de Vannes », *Bulletin de la Société polymathique du Morbihan* (1889), 189 ; J. Baillet, « Antiquités égyptiennes du Musée de Vannes », *Recueil de travaux relatifs à la philologie et à l'archéologie égyptiennes et assyriennes* (1900), fascicules I–III, 40 ; L. Marsille, *Catalogue du musée archéologique de la Société polymathique du Morbihan*, 1921, 123.
Expositions : 2008, exposition « Des collections et des hommes »
2009–2016, exposition « Savants et voyageurs »
Description : couple de bagues avec un pseudo médaillon mais sans aucun type de décor.
Parallèles : un objet similaire, mais avec un plus large médaillon pourvu de l'incision du signe « *nfr* » est conservé au Museu Egipci de Barcelone.[1]

---

[1] CLOS LLOMBART *et al.*, 2005 : 103.

Figure 63. IM 2115.3 (cliché de Christophe Le Pennec)

N° d'inventaire : IM 2115.3

Localisation : Collections du Musée d'histoire et d'archéologie de Vannes.
Acquisition : Don de Frédéric Cailliaud.
Nature de l'objet : parure et bijoux.
Provenance : inconnue.
Dimensions (cm) : diamètre externe de 2,5cm.
Matériau(x) : faïence verde-turquoise.
Datation : Troisième Période Intermédiaire.
État de conservation : bon.
Bibliographie : J. Baillet, « Collection égyptologique du Musée de Vannes », *Bulletin de la Société polymathique du Morbihan* (1889), 189 ; J. Baillet, « Antiquités égyptiennes du Musée de Vannes », *Recueil de travaux relatifs à la philologie et à l'archéologie égyptiennes et assyriennes* (1900), fascicules I–III, 41 ; L. Marsille, *Catalogue du musée archéologique de la Société polymathique du Morbihan*, 1921, 123.
Expositions : 2008, exposition « Des collections et des hommes »
2009–2016, exposition « Savants et voyageurs »
Description : bague large à décor ajouré représentant sur le devant une divinité à tête zoomorphe (probablement un babouin) avec un croissant lunaire et probablement le disque solaire (= Thot), agenouillé et portant la plume de Maât sur les genoux. Sur l'arrière, il y a une série de quatre incisions parallèles.
Parallèles : un objet similaire mais avec un dieu à tête de faucon est conservé dans les collections pharaoniques du Musée des Beaux-Arts de Boston (num. d'inv 11982),[2] et deux autres (num. d'inv. 396 et 397) au Liebieghaus Museum Alter Plastik de Frankfurt.[3]

---

[2] BROVARSKI *et al.*, 1982 : 249–250, n. 348.
[3] SCHLICK-NOLTE ; VON DROSTE ZU HÜLSHOFF, 1990 : vol. I, 370–371.

Les amulettes

Simone PETACCHI

Les amulettes égyptiennes, des petites images pétrifiées, servaient à protéger à la fois les vivants et les défunts grâce à leur représentation symbolique. Elles été fabriquées dans différents matériaux, depuis le plus précieux comme l'or ou l'argent (bien que le deuxième était plus rare du premier) jusqu'aux plus communs et accessibles à tous, tels que la faïence. Chaque matériau avait une valeur spécifique, comme expliqué en détail dans les chapitres du *Livre des Morts*. Les amulettes étaient disposées selon des règles précises dans les bandelettes de la momie, certaines étaient liées à des parties spécifiques du corps pour assurer leur protection. Bien que présentes sous forme de coquillages et de perles colorées dès l'époque prédynastique, elles se sont multipliées et diversifiées au Nouvel Empire, avant de se multiplier encore plus à l'époque tardive.

Ce lot de dix-sept amulettes, principalement en faïence, provient de la collection de Fr. Cailliaud, mais leur provenance est inconnue. Il est fort probable qu'elles dérivent du contexte funéraire comme la plupart des objets de cette collection , et qu'elles aient été disposées entre les bandelettes de la momie pour accroître leur puissance protectrice. Toutes de petite taille, et d'une fabrication plutôt grossière, elles étaient destinées à protéger leur porteur ou leur porteuse contre les dangers, que ce soit de son vivant ou après sa mort. Les représentations les plus courantes sont celles des divinités (six sur dix-sept), tandis que les scarabées/scaraboïdes (deux uniquement dont un probablement faux) sont moins nombreux que dans d'autres collections d'antiquités pharaoniques. D'après l'analyse des tombeaux intacts de l'époque tardive, les trousseaux d'amulettes étaient disposés selon les traditions locales et positionnées à des endroits spécifiques du corps, probablement dans le cadre du rituel appelé *tememet*,[1] qui était peut-être la dernière étape de la cérémonie suivant le rituel d'embaumement, dirigé par les prêtres-lecteurs. Tous les exemplaires de ce lot sont datés de la Basse Époque à l'époque ptolémaïque (664–30 av. J.-C.).

Figure 64. De gauche à droite : IM 2108.1, IM 2108.2, IM 2112 (clichés de Christophe Le Pennec)

IM 2108.1 (3,5cm x 1,09cm) est un pilier-*djed* en hématite surmonté d'un disque solaire flanqué de plumes au sommet ; **IM 2108.2** (2,3 cm x 1.07 cm) est un pilier-*djed* en lapis-lazuli ; **IM 2112**

---
[1] MEEKS, 1976 : 95–96.

(2,6cm x 1,16cm) est une amulette-*aper* en hématite similaire à IM 2108.1, mais avec trois incisions horizontales sur le recto. Ces trois exemplaires datent de la Basse Époque à l'époque ptolémaïque.[2]

Figure 65. De gauche à droite : IM 2109.1, IM 2109.2, IM 2109.3 (clichés de Christophe Le Pennec)

IM 2109.1 (2,5cm x 1,16cm x 0,5cm) est un œil *oudjat* en faïence à glaçures verte et noire, avec la pupille et le sourcil en relief peints en noir ; **IM 2109.2** (2,1cm x 1,15cm x 0,4cm) est un œil *oudjat* en faïence verte avec des traits incisés sommairement ; **IM 2109.3** (2,6cm x 1,16cm) est un œil *oudjat* en faïence verte avec un sourcil strié et une bélière au sommet de l'objet.[3]

Figure 66. De gauche à droite : IM 2114.2, IM 2117 (clichés de Christophe Le Pennec)

Ceux-ci sont les seules représentations d'animaux dans le lot d'amulettes de Cailliaud donné au Musée de Vannes. **IM 2114.2** (1,7cm x 1,13cm) est une grenouille accroupie, symbole de la déesse Heqet, sculptée dans une pierre brune (calcite). **IM 2117** (5,2cm x 1,19cm x 4,8cm), bien qu'aujourd'hui acéphale, se présente comme un faucon Horus en faïence turquoise dont le travail est très fin et le rendu du plumage assez réaliste.[4]

---

[2] MARSILLE, 1921 : 122.
[3] MARSILLE, 1921 : 123.
[4] MARSILLE, 1921 : 123.

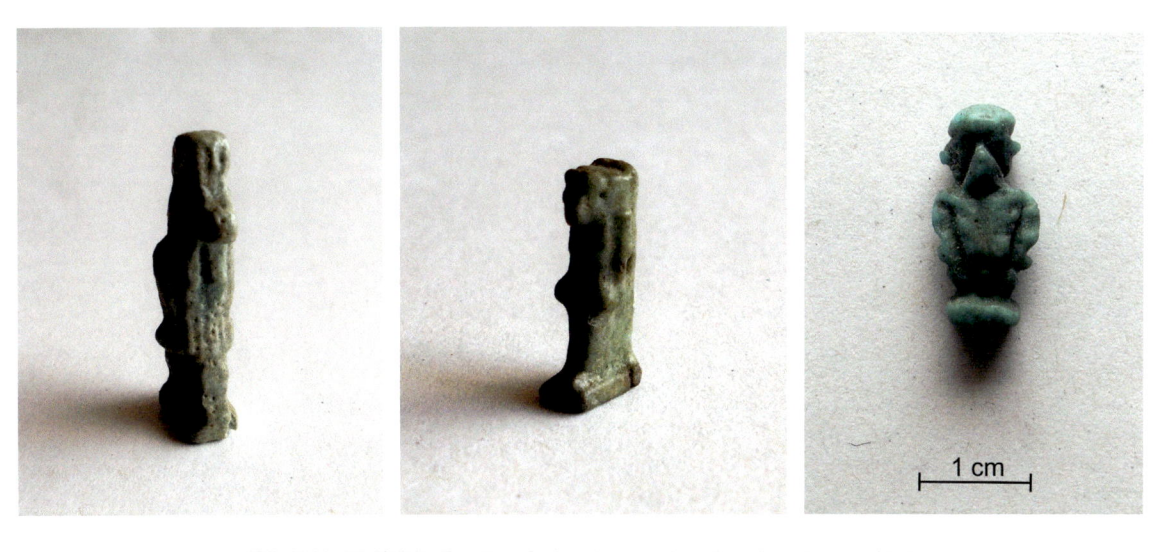

Figure 67. De gauche à droite, du haut au bas : IM 2114.3, IM 2114.4, IM 2114.6, IM 2114.7, IM 2114.8 (clichés de Christophe Le Pennec)

Un groupe d'amulettes de divinités anthropomorphes est ici présenté, comprenant les pièces suivantes : **IM 2114.3** (4cm x 1,1cm), une figurine du dieu Anubis en faïence verte, debout sur un socle dans l'attitude de marche. Le travail est très grossier et les jambes sont indistinguables. **IM 2114.4** (1,5cm x 1,1cm), une divinité à tête méconnaissable (Thot ibiocéphale/Apis ?) en faïence verte, sculptée grossièrement et dont l'image divine est presque indistinguable. **IM 2114.6** (1,3cm x 1,09cm), un Ptah-patèque en faïence turquoise, ayant un corps typiquement trapu, des jambes courtes et difformes, et une tête hydrocéphale. Dans cet exemplaire, les traits du visage sont indistinguables, mais les longues moustaches qui le caractérisent sont bien présents. **IM 2114.7** (3,2cm x 1,07cm), Horus à tête de faucon est représenté dans l'attitude de la marche, portant la couronne *pschent*. L'objet est soigneusement travaillé et l'artiste a rendu avec des traits exécutées par incision la forme du corset et du pagne court. **IM 2114.8** (2,3cm x 1,06cm) est une divinité à tête méconnaissable (Thouéris ?) dont la forme du corps est très esquissée.[5]

---
[5] MARSILLE, 1921 : 123.

Figure 68. De gauche à droite : IM 2110, IM 2111 (clichés de Christophe Le Pennec)

IM 2110 (1,5cm x 1,06cm x 1cm) est une couronne rouge de la Basse Égypte, assez fruste, en faïence verte. Elle est percée d'un petit orifice à son niveau supérieur, en prévision de sa suspension ou de sa fixation. **IM 2111** (2,5cm x 1,08cm x 0,5cm) pourrait représenter un contre-poids de collier-*ménat* en faïence noire, probablement due à une cuisson excessive (peut-être un rebut d'atelier). Au sommet de l'objet, on trouve une bélière de suspension.[6]

Figure 69. IM 2114.1 (clichés de Christophe Le Pennec)

N° d'inventaire : IM 2114.1

Localisation : Collections du Musée d'histoire et d'archéologie de Vannes.
Acquisition : Don de Frédéric Cailliaud.
Nature de l'objet : amulette.
Provenance : inconnue.
Dimensions (cm) : L : 2cm ; E : 1,55cm.
Matériau(x) : faïence verte.
Datation : Basse Époque.
État de conservation : bon.
Bibliographie : J. Baillet, « Collection égyptologique du Musée de Vannes », *Bulletin de la Société polymathique du Morbihan* (1889), 188 ; J. Baillet, « Antiquités égyptiennes du Musée de Vannes », *Recueil de travaux relatifs à la philologie et à l'archéologie égyptiennes et assyriennes* (1900) fascicules I–III, 40 ; L. Marsille, *Catalogue du musée archéologique de la Société polymathique du Morbihan*, 1921, 123.

---
[6] MARSILLE, 1921 : 123.

Description : il s'agit d'un scarabée du type « naturaliste » avec une bélière ventrale pour la suspension. La forme de la tête, des élytres et du clypeus est soigneusement représentée, avec des stries verticales en relief sur le recto. Les pattes et le corps central sont également représentées en relief, et le sommet du verso est dentelé. Un trou latéral permet la suspension de l'amulette.

Parallèles : on peut comparer cet exemplaire de Vannes avec d'autres faisant partie de la collection américaine du Walters Art Museum de Baltimore (nos. d'inv. 134–140),[7] ainsi qu'avec un objet similaire de la collection pharaonique du Musée Pincé d'Angers (n° d'inv. MTC 719.7),[8] dont les dimensions sont presque identiques.

---

[7] SCHULTZ, 2007 : 170–177, pl. 20–21.
[8] AFFHOLDER ; CONIC, 1990 : 105–106, fig. 98–99.

Le cercueil anthropoïde ptolémaïque, les bandelettes de momie des prêtres de Montou, et la « momie de félin »

Simone PETACCHI

N° d'inventaire : IM 2093.1 & 2093.2

Localisation : Collections du Musée d'histoire et d'archéologie de Vannes.
Acquisition : Don d'Alexandre de Limur en 1919, et il n'est pas lié au lot de Frédéric Cailliaud.
Nature de l'objet : cercueil + fragment de la partie frontale haute du côté gauche de Djed-hor ou d'un de ses proches.
Provenance : Akhmîm.
Dimensions (cm) : H : 180cm ; L : 47cm ; P : 23cm.
Matériau(x) : bois stuqué et peint.
Datation : époque ptolémaïque.
État de conservation : bon, malgré plusieurs petits trous dus aux termites et la perte de pigments sur la surface de quelques parties du couvercle anthropomorphe.
Bibliographie : inédit. Mentionné uniquement dans L. Marsille, « 792e séance, 24 juin 1919 », *Bulletin de la Société polymathique du Morbihan* (1917-1919), 99. L. Marsille, *Catalogue du musée archéologique de la Société polymathique du Morbihan*, 1921, 121.
Expositions :   2008, exposition « Des collections et des hommes »
           2009-2016, exposition « Savants et voyageurs »

Description : ce cercueil en bois, de forme anthropoïde et du type bivalve, a été réalisé d'une seule pièce du bois de sycomore, qui a été stuquée et ensuite peinte de manière polychrome. La perruque tripartite se présente large et aplatie sur les deux pans latéraux, et peinte en bleue. Aujourd'hui, seules des traces de cette couleur restent encore visibles, mais uniquement sur les pans, alors que la couleur du front est désormais jaunâtre. La ligne qui démarque la fin de la coiffe et le front n'est plus simplement peinte comme dans les époques précédentes, mais elle est, au contraire, bien gravée (épaisseur d'au moins 1 cm) et elle forme un demi-cercle plus ou moins régulier. Le visage devait être peint en jaune et avoir été couvert par une couche de feuille d'or comme une grande partie des cercueils réalisés dans les ateliers d'Akhmîm (nome arabe)/Panopolis (toponyme grec) de la ville égyptienne du IX nome de la Haute Égypte, anciennement connue comme *Ipw* et *Ḫnty-Mnw*. Le visage demeure large et sans aucune barbe postiche. Les sourcils sont légèrement gravés dans le bois et sont unis au nez de forme triangulaire, de la même manière, les yeux en amande sont gravés et peints uniquement sur la cornée (blanche en antiquité ?) jaunâtre et sur la pupille, en noir. Celui de droit (de l'observateur), cependant, est légèrement penché vers le haut, et une fissure transversale du front jusqu'à la mâchoire droite le coupe en deux. Les lèvres sont fines et le menton arrondi. Les oreilles, grandes, sont rendues de manière réaliste, car le pavillon auriculaire est travaillé soigneusement. Le haut du buste et le ventre sont décorés par un large collier *ousekh* à quinze rangs de perles multicolores dont des motifs géométriques (sphères, trapézoïdes) s'alternent avec d'autres, au sujet floral (fleurs de lotus). Il est dépourvu du fermoir à têtes de faucon qui englobe ailleurs, communément, les épaules de la momie. Le fond du couvercle est rouge-brunâtre. En effet, les grandes dimensionnes du visage, le type de couleur de la surface et la structure des registres suggèrent sans doute une production panopolitaine. Sous le collier se trouve R1,[1] le premier registre, qui se compose d'une déesse agenouillée sur le haut du cadre du registre figuré ici-bas. Elle n'est pas nommée mais il s'agit, probablement de Nout. Elle est face à droite (de l'observateur), étendant ses bras munis d'ailes à quatre rangés de plumes, tenant chacune la plume de Maât dans la main. Nout porte une robe moulante, le haut en jaune, le bas en

---
[1] « R », abréviation ici pour « registre ».

rouge. La tête, pourvue d'un diadème attaché à la nuque, est disproportionnée par rapport au reste du corps. De plus, à chaque extrémité du rang alaire supérieur, un chacal noir demeure sur un naos, en position spéculaire : ils représentent l'Oupouaout du Nord et l'Oupouaout du Sud, en fonction protectrice, car ils sont conçus comme ceux qui ouvrent « les beaux chemins de l'Occident » dans l'au-delà, et ils figurent la puissance des deux terres et celle du ciel, comme expliqué dans le Chapitre 142 du *Livre des Morts*. Cet élément décoratif paraît être innovant, car il n'est présent dans aucun des types de cercueils anthropoïdes d'Akhmîm classifiés par la Dr. Ruth Brech dans sa thèse de doctorat publiée en 2008.[2] Par contre, on peut signaler un petit fragment de cercueil en bois de la même époque conservé au Kelsey Museum of Archaeology, à Ann Arbor (KM 8872).[3] Malgré son état fragmentaire, il paraît présenter la déesse en train de soutenir sur ses ailes un autel avec un grand portail et les deux canidés aux côtés. Au-dessus de la tête de Nout, on constate quatre petites colonnes au fond bleue. Il est possible qu'elles étaient à l'origine remplies de texte ou qu'elles n'étaient jamais complétées comme dans le cas d'un cercueil similaire, appartenant à Irtouirou/Ithoros en grec, conservé dans les collections égyptiennes de l'Institut d'Égyptologie de l'Université de Memphis (inv. no. 1985.3.1a).[4]

En-dessous de la déesse céleste se trouve un registre figuré, R2, entre un cadre composé par des petits rectangles et carrées polychromes, rouges, verts-bleus, blancs, beiges. Presque la moitié du registre de droite a disparu : la surface est écaillée en raison du détachement du plâtre et des pigments, donc la scène a été effacée, mais la reconstitution est évidente, car assez stéréotypée. En effet, on peut voir la dépouille du défunt allongée sur un lit léontoforme. Elle est prise en charge par Anubis, qui est debout et penché sur elle pour la préparer à devenir une momie. Les vases canopes sont sous le lit, bien qu'il ne reste visible que celui qui a son bouchon à tête de Kébehsénouf, voire en forme de faucon. Cette scène représente la vignette du Chapitre 89 du *Livre des Morts* et elle insérée dans un cadre de rectangles et carrées rouges, jaunes et bleues en alternance. Aux extrémités du registre R2, à l'extérieur du cadre à peine décrit, Nephtys à gauche et Isis à droite, de la même taille des personnages peints dans le cadre, sont agenouillées et portent la main sur le visage en signe de deuil. Elles ressemblent à Nout, à qui elles copient la robe et le ruban décoratif de la tête. R3 correspond à l' « apron », l'espace central, écrit et composé par cinq colonnes au fond de deux couleurs différentes (vertes dans la première et dernière colonne, jaune dans les autres) avec le texte hiéroglyphique tracé à l'encore noir. Comme dans les types recueillis par Mme. Brech, le texte, bien qu'il soit assez endommagé, car les pigments d'une grande partie du registre ont disparu, est possible à identifier comme un mélange de textes qui était à l'origine composé par une présentation du défunt (nom, titres, patronymique et/ou matronymique), dont on peut encore lire qu'un prénom, Djed-hor (nom du défunt ou de son père/grand-père ?) suivi par une formule de Nout et par un extrait des *Textes des Pyramides*, en particulier, PT 368§638 a–d.[5] Il n'est pas clair ici si ce prénom appartient au propriétaire du cercueil ou à son père/grand père. Les registres figurés qui se trouvent aux cotés de l' « apron », R4, malgré l'état assez abîmé de la surface, devaient se composer du haut au bas de trois compartiments occupés par un/deux ? fils d'Horus debout et portant une bande de lin dans ses/leurs mains dans les premiers en haut, puis par deux couples de divinités des Enfers, assis, et pourvus de couteaux dans les restants. La zone des pieds comprend R5, le dernier registre, dont seule une trace de décor est encore visible, la queue noire d'un chacal, celui de gauche (de l'observateur), qui descend d'un possible naos, comme dans d'autres exemplaires, en position renversée. Il faut constater que le cercueil de Vannes est différent par rapport aux autres cercueils d'Akhmîm : en effet, il ne rentre pas précisément dans aucun des groupes de la classification de Mme. Brech. Cependant, il est proche des exemplaires ptolémaïques des Groupes Ea et Eb. En effet, il ressemble par division de la surface, par la couleur du fond et la présence des canidés au niveau des pieds au type Ea1,[6] mais pour le nombre des colonnes et le contenu de

---

[2] BRECH, 2008.
[3] WILFONG, 2013 : fig. 90, 49.
[4] CORCORAN, 2002 : 231–242, pl. 1, 241.
[5] FAULKNER, 1969 : 121.
[6] BRECH, 2008 : 175–177.

Figure 70. IM 2093.1 (cliché de Simone Petacchi)

l' « apron » il s'approche au type Eb3.[7] Pour conclure, par les caractéristiques déjà énoncées, IM 2093.1 pourrait, donc, représenter une variante du groupe Ea.

Voici le schéma des registres de ce type :

R1 : une déesse ailée sans aucun texte d'accompagnement (≡ IM 2093.1) et surmontée, à l'extrémité de ses ailes, par un chacal reposant sur son naos.
R2 : une scène avec Anubis, Isis et Nephtys, ainsi que les vases canopes avec des petites légendes (IM 2093.1 : mais sans aucun texte de ce type).
R3 : cinq colonnes de hiéroglyphes avec le mélange énoncé ci-dessus (≡ IM 2093.1, dans Ea1 les colonnes sont trois avec une formule d'Osiris, noms des parents du défunt).
R4 : cinq compartiments abritant des divinités portant des couteaux (IM 2093.1 : deux compartiments de ce type en-dessous d'un compartiment avec les quatre fils d'Horus debout).
R5 : un disque solaire ailé plus un lion accroupi (IM 2093.1 : substitution du soleil et du félin par un élément plus commun, à savoir les deux chacals accroupis sur leur naos).

La base trapézoïdale est illisible car elle a perdu sa couche de décor, sa surface est très abîmée et couverte de trous des termites. L'angle droit de la plinthe a disparu, et le front de celle-ci est assez frustre et lacunaire.

Figure 71. IM 2093.1, un détail de l'*ousekh* et de la déesse Nout (cliché de Simone Petacchi)

Figure 72. IM 2093.2, un fragment de l'*ousekh* non plus attaché au cercueil (cliché de Christophe Le Pennec)

---

[7] BRECH, 2008 : 198–206.

Figure 73. illustration numérique du front du cercueil avec les registres inscrits (réalisé par Cássio De Arujo-Duarte).

N° d'inventaire : IM 2095.1

Localisation : Collections du Musée d'histoire et d'archéologie de Vannes.
Acquisition : Don d'Alexander de Limur en 1919.
Nature de l'objet : bandelette de la momie du prêtre de Montou Ânkh-ef-en-Khonsou II.
Provenance : Thèbes.
Dimensions (cm) : L : 45cm ; l : 7cm ; le cadre vitré qui le contient : L : 61cm ; l : 37,5cm
Matériau(x) : lin.
Datation : 25e-26e dynasties.
État de conservation : bon.
Bibliographie : Mentionnée uniquement L. Marsille, « 792e séance, 24 juin 1919 », *Bulletin de la Société polymathique du Morbihan* (1917–1919), 99 ; J. Baillet, « Collection égyptologique du Musée de Vannes », *Bulletin de la Société polymathique du Morbihan* (1889), 188 ; L. Marsille, *Catalogue du musée archéologique de la Société polymathique du Morbihan*, 1921, 122.
Description : le rectangle de lin de couleur blanche semble être un fragment de la première couche des bandelettes extérieures qui enveloppaient la momie d'Ânkh-ef-en-Khonsou II, un membre de la famille thébaine des Bes-en-mout était le fils d'un autre prêtre de Montou de Karnak, Neser-amon II, et de la dame Nesy-khonsu II. Le cercueil qui contenait la momie (CG 41042)[8] était ouvert et celle-ci venait d'être développée en présence de la Société d'anthropologie de Paris dans

---
[8] GAUTHIER, 1913 : 1–26, pls. I–III.

Figure 74. IM 2095.1-IM 2909.4 (cliché de Christophe Le Pennec)

les locaux du vice-roi d'Égypte, en 1867, pendant l'Exposition Universelle de Paris de la même année. La partie inférieure présente deux paires de lignes brodées et parallèles entre elles, et à son extrémité, des longues franges.

N° d'inventaire : IM 2095.2

Localisation : Collections du Musée d'histoire et d'archéologie de Vannes.
Acquisition : Don d'Alexander de Limur en 1919.
Nature de l'objet : bandelette de la momie du prêtre de Montou Ânkh-ef-en-Khonsou II.
Provenance : Thèbes.
Dimensions (cm) : L. 39cm ; l. 5,5cm ; cette pièce fait partie du même cadre où le tissu précédent est inséré.
Matériau(x) : lin.
Datation : 25e–26e dynasties.
État de conservation : bon.
Bibliographie : Mentionnée uniquement dans L. Marsille, « 792e séance, 24 juin 1919 », *Bulletin de la Société polymathique du Morbihan* (1917-1919), 99 ; J. Baillet, « Collection égyptologique du Musée de Vannes », *Bulletin de la Société polymathique du Morbihan* (1889), 188 ; Marsille, *Catalogue du musée archéologique de la Société polymathique du Morbihan*, 1921, 122.
Description : le rectangle de toile en lin très fin composait la bandelette de la deuxième couche de couleur blanc.

N° d'inventaire : IM 2095.3

Localisation : Collections du Musée d'histoire et d'archéologie de Vannes.
Acquisition : Don d'Alexander de Limur en 1919.
Nature de l'objet : bandelette de la momie du prêtre de Montou Ânkh-ef-en-Khonsou II.
Provenance : Thèbes.
Dimensions (cm) : L. 39cm ; l. 5,5cm ; cette pièce fait partie du même cadre où le tissu précédent est inséré.
Matériau(x) : lin.
Datation : 25e–26e dynasties.
État de conservation : bon.
Bibliographie : Mentionnée uniquement L. Marsille, « 792e séance, 24 juin 1919 » dans le *Bulletin de la Société polymathique du Morbihan* (1917-1919), 99 ; J. Baillet, « Collection égyptologique du Musée de Vannes », *Bulletin de la Société polymathique du Morbihan* (1889), 188 ; L. Marsille, *Catalogue du musée archéologique de la Société polymathique du Morbihan*, 1921, 122.
Description : le rectangle de toile en lin très fin fait partie de la bandelette de la deuxième couche de couleur blanche. Une tâche de bitume noir est présente à mi-hauteur de l'angle est du tissu.

N° d'inventaire : IM 2095.4

Localisation : Collections du Musée d'histoire et d'archéologie de Vannes.
Acquisition : Don d'Alexander de Limur en 1919.
Nature de l'objet : bandelette de la momie du prêtre de Montou Ânkh-ef-en-Khonsou II.
Provenance : Thèbes.
Dimensions (cm) : L. 30 cm ; l. 18 cm ; cette pièce fait partie du même cadre où le tissu précédent est inséré.
Matériau(x) : lin.
Datation : 25e–26e dynasties.
État de conservation : bon.
Bibliographie : Mentionnée uniquement dans L. Marsille, « 792e séance, 24 juin 1919 » dans le *Bulletin de la Société polymathique du Morbihan* (1917-1919), 99 ; J. Baillet, « Collection égyptologique

du Musée de Vannes », *Bulletin de la Société polymathique du Morbihan* (1889), 188 ; L. Marsille, *Catalogue du musée archéologique de la Société polymathique du Morbihan*, 1921, 122.

Description : le rectangle de toile en lin blanche faisait probablement partie du suaire du défunt. La partie inférieure présente deux couples de lignes brodées et parallèles entre elles ; le deuxième couple est suivi par une autre ligne brodée, et à l'extrémité inférieure, des petites et fines franges décoraient le suaire.

N° d'inventaire : IM 2096

Localisation : Collections du Musée d'histoire et d'archéologie de Vannes.
Acquisition : Don de Fr. Cailliaud.
Nature de l'objet : cinq petits fragments de bandelettes de momie.
Provenance : Thèbes.
Matériau(x) : lin.
Datation : inconnue.
État de conservation : bon.
Bibliographie : L. Marsille, *Catalogue du musée archéologique de la Société polymathique du Morbihan*, 1921, 122.
Description : cinq petits morceaux de toile de lin, mais il n'est pas clair s'ils sont liés aux tissus du prêtre Ânkh-ef-en-Khonsou II.

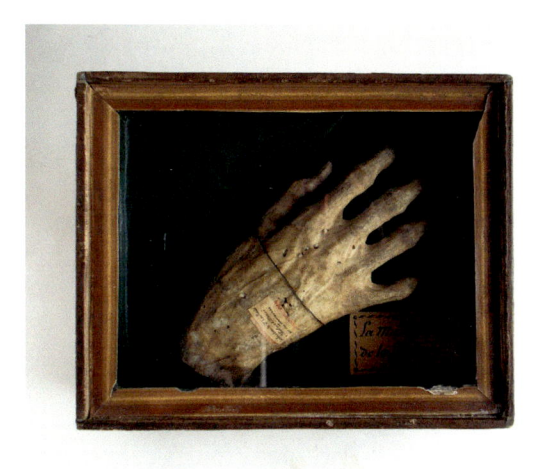

Figure 75. IM 2094 (cliché de Christophe Le Pennec)

N° d'inventaire : IM 2094

Localisation : Collections du Musée d'histoire et d'archéologie de Vannes.
Acquisition : Don d'Alexander de Limur en 1919.
Nature de l'objet : main de momie.
Provenance : Thèbes, site de Deir el-Bahari ?
Dimensions (cm) : cette pièce fait partie du même cadre où le tissu précédent est inséré.
Matériau(x) : restes humains.
Datation : inconnue, probablement d'époque tardive.
État de conservation : bon.
Bibliographie : L. Marsille, « 792ᵉ séance, 24 juin 1919 », *Bulletin de la Société polymathique du Morbihan* (1917–1919), 99 ; L. Marsille, *Catalogue du musée archéologique de la Société polymathique du Morbihan*, 1921, 122.
Description : il s'agit de la main droite d'une momie conservée dans une boîte vitrée. L'étiquette manuscrite collée au niveau de l'ulna précise qu'elle provient des explorations de Cailliaud à Thèbes et à Méroé. Cette main faisait certainement partie du lot d'antiquités de sa deuxième collection vendue à l'État en 1824.

Figure 76. IM 2116 (cliché de Simone Petacchi)

N° d'inventaire : IM 2116

Localisation : Collections du Musée d'histoire et d'archéologie de Vannes.
Acquisition : Don de Frédéric Cailliaud lors de ses explorations en Égypte.
Nature de l'objet : orbite d'un œil faisant partie d'un cercueil anthropoïde en bois.
Provenance : région de Thèbes.
Dimensions (cm) : H : 1,19cm ; L : 5,2cm ; P : 1,4cm.
Matériau(x) : émail turquois.
Datation : indéterminée.
État de conservation : bon, mais elle est manquante de la cornée en quartz blanc et de la pupille en obsidienne.
Bibliographie : J. Baillet, « Collection égyptologique du Musée de Vannes », *Bulletin de la Société polymathique du Morbihan* (1889), 189 ; J. Baillet, « Antiquités égyptiennes du Musée de Vannes », *Recueil de travaux relatifs à la philologie et à l'archéologie égyptiennes et assyriennes* (1900) fascicules I–III, 41 ; L. Marsille, Catalogue *du musée archéologique de la Société polymathique du Morbihan*, 1921, 123.

N° d'inventaire : RL 48.02.1.01

Localisation : Collections du Musée d'histoire et d'archéologie de Vannes.
Acquisition : Don de Louis Audemard en 1948.
Nature de l'objet : pseudo-momie de chat assemblée en antiquité.
Provenance : Bubasteion, Saqqâra.
Dimensions (cm) : H : 46cm ; L : 8,5cm ; P : 8,5cm.
Matériau(x) : un crâne véritable, des ossements, de la fourrure (de chat ?), des bandages de lin.
Datation : 3e siècle av. J.C.–1er siècle apr. J.-C.[9]
État de conservation : bon, mais l'oreille droite est fragmentaire, il ne reste que la moitié. Une cavité autour de l'œil droit et le noircissement de cette partie suggèrent que la momie est entrée en contact avec du feu, pour une raison indéterminée.
Bibliographie : inédite.
Description : il s'agit d'une momie originelle, réalisée pour la vente aux fidèles en pèlerinage au Bubasteion d'où elle provient. Si la hauteur disproportionnée de l'animal (46 cm) semait déjà le doute sur son authenticité, les radiographies réalisées en juin 2000 par l'équipe du centre d'imagerie Riva de Vannes ont confirmé qu'en réalité seul le crâne du chat est authentique, mais le corps, d'une longue forme oblongue, est un mélange de tissus enroulés, de fourrure, et d'ossements qui ne sont pas nécessairement félin. Malgré une brûlure partielle de la partie droite du museau, elle est bien soignée et présente les traits des yeux, des sourcillons, du nez, de la joue et du menton peints avec de l'encre noir. Le bandage se compose de deux types de tissus, l'un blanc et l'autre beige. La forme du bandage est inhabituelle, rassemblant à un « V », contrairement à la toile de lin épaisse commune avec une succession de compartiments carrés ou losanges dessinés par des

---
[9] Je tiens à remercier Mme la Prof. Salima Ikram de l'Université Américaine du Caire pour son aimable assistance, ses commentaires et la possible datation de la momie. Communication personnelle du 15/09/2022.

LE CERCUEIL ANTHROPOÏDE PTOLÉMAÏQUE ...

bandelettes brunes et beiges entrelacées sur le devant. Les traces sombres, surtout sur l'axe frontal du corps, sont l'indice d'un écoulement excessif de résine et/ou de bitume.

Figure 77. RL 48.02.1.01, front (cliché de Christophe Le Pennec)

Figure 78. RL 48.02.1.01, côté gauche (cliché de Christophe Le Pennec)

Figure 79. RL 48.02.1.01, l'arrière (cliché de Christophe Le Pennec)

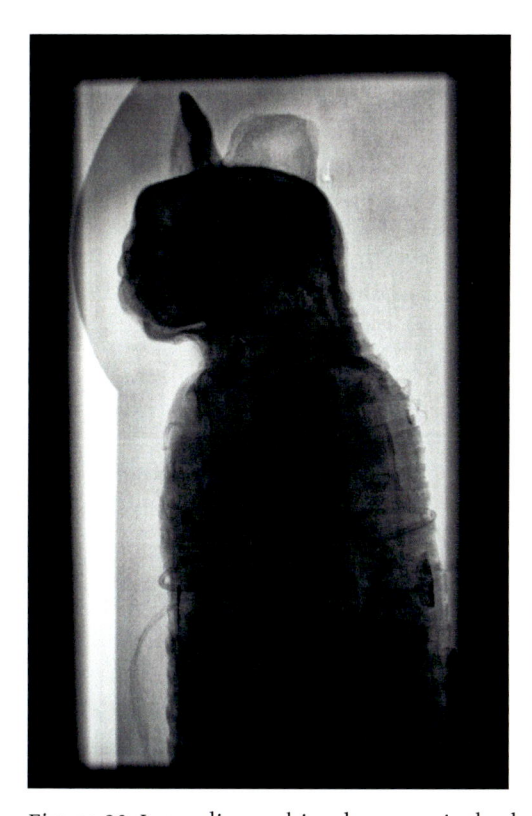

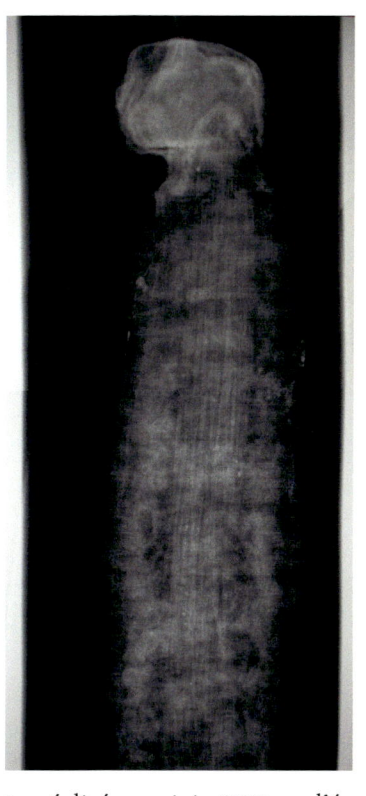

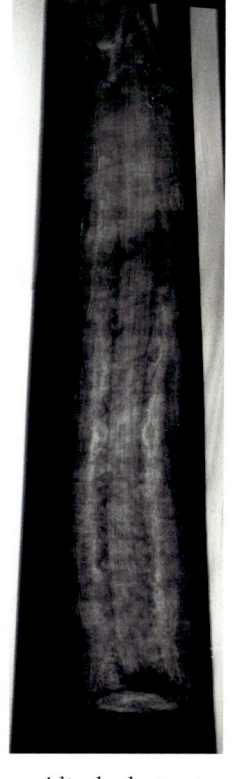

Figure 80. Les radiographies de « momie de chat » réalisées en juin 2000 par l'équipe médicale du Centre d'imagerie Riva 56 de Vannes.

Les terre cuites ptolémaïques

Simone PETACCHI

Un seul exemplaire sculpté, de petite taille, faisant partie de la production tardive en complet style grecque : une statuette à l'effigie féminine (IM 2106), probablement représentante une déesse assise sur son trône. L'objet est rentré dans la collection comme provenant de l'Égypte.

Figure 81. IM 2106 (cliché de Simone Petacchi)

N° d'inventaire : IM 2106

Localisation : Collections du Musée d'histoire et d'archéologie de Vannes.
Acquisition : Don de Frédéric Cailliaud lors de ses explorations en Égypte.
Nature de l'objet : statuette en terre cuite avec encore des traces de plâtre et de couleurs (jaune et rouge).
Provenance : lieu imprécisé, mais en Égypte.
Dimensions (cm) : H : 11,4cm ; L : 3,5cm ; P : 3,7cm.
Matériau(x) : terre cuite.
Datation : époque ptolémaïque.
État de conservation : bon, mais l'on constate la disparition des détails du corps et du visage, de faibles traces des pigments rouges et jaunes, des incrustations de terre et de sel qui sont présents sur toute la surface.
Bibliographie : L. Marsille, *Catalogue du musée archéologique de la Société polymathique du Morbihan*, 1921, 122.
Description : statuette en terre cuite réalisée à la moule avec trou à la base, probablement une déesse en raison de sa pose gracieusement assise sur un petit trône et du vêtement couvrant l'arrière de sa tête et son corps. La figure féminine est représentée portant un chiton, un himation et semble également y avoir une guirlande autour de sa tête.

Les monnaies ptolémaïques

Christophe LE PENNEC

En ce qui concerne la partie numismatique de la collection pharaonique vannetaise, on compte uniquement deux monnaies lagides avec une provenance probable du sol égyptien, bien que leur mode d'acquisition demeure jusqu'à aujourd'hui inconnu. L'une, en alliage cuivreux, date du règne du roi Ptolémée II Philadelphe (282–246 av. J.-C.) et a été frappée à Tyr. L'autre, en argent, porte l'effigie de Ptolémée XII Aulète (80–58, 55–51 av. J.-C.), et elle a été frappée au marteau à Alexandrie.

Figure 82. NUM 820.001 (cliché de Christophe Le Pennec)

N° d'inventaire : NUM 820.001

Localisation : Collections du Musée d'histoire et d'archéologie de Vannes, anciens fond SPM.
Acquisition : inconnue.
Nature de l'objet : hémiobole de Ptolémée II Philadelphe.
Provenance : lieu imprécisé, Égypte ?
Dimensions (cm) : D : 1,9cm ; p : 6,11 g.
Matériau(x) : alliage cuivreux.
Datation : époque ptolémaïque (266–261 av. J.-C.).
État de conservation : moyen.
Bibliographie : inédite.
Description : Sur l'avers, anépigraphe, une tête laurée de Zeus-Ammon à droite, coiffé de *taenia* à basileion, bordure de points. Au revers, un aigle debout, à gauche sur un foudre, les ailes déployées ; une massue dans le champ à gauche, bordure de points. Légende en grec ancien : ΠΤΟΛΕΜΑΙΟΥ ΒΑΣΙΛΕΩΣ.

Figure 83. NUM 820.002 (cliché de Christophe Le Pennec)

N° d'inventaire : NUM 820.002

Localisation : Collections du Musée d'histoire et d'archéologie de Vannes, anciens fond SPM.
Acquisition : inconnue.
Nature de l'objet : tétradrachme de Ptolémée XII Philadelphe Aulète.
Provenance : lieu imprécisé, mais assez probablement Alexandrie.
Dimensions (cm) : D : 2,6cm ; p : 8,73 g.
Matériau(x) : argent.
Datation : époque ptolémaïque (année 33, 52–51 av. J.-C.).
État de conservation : moyen.
Bibliographie : inédite.
Description : Sur l'avers, anépigraphe, une tête diadémée de Ptolémée XII à droite, la peau de lion nouée sous le menton. Au revers, un aigle debout à gauche sur un foudre ; dans le champ, à gauche, les lettres ΛΙΓ (= 33ᵉ année de règne) et à droite, les lettres ΠΑ (abréviation de l'ancien atelier chypriote de Paphos), mais c'est presque sûr qu'elle a été frappée à Alexandrie.[1] Légende en grec ancien : ΠΤΟΛΕΜΑΙΟΥ ΒΑΣΙΛΕΩΣ.

---
[1] En effet, Paphos a pratiquement monopolisé les émissions d'argent pendant une longue période. Lorsque Chypre a cessé d'être une possession lagide, l'atelier d'Alexandrie a repris la marque de Paphos.

Les tissus coptes

Simone PETACCHI

Les fragments de tissu conservés dans les collections du musée sont au nombre de vingt-cinq, et ils proviennent tous du site romain et après copte d'Antinooupolis, voire Antinoë, sur la rive orientale du Nil, en Moyenne Égypte, en face de sa capitale, Hérmopolis Magna. Ville presque mythique, car consacrée à l'héros éphèbe de Bithynie, Antinoüs, favori de l'empereur Hadrien qui se noya tragiquement dans le Nil près de ce site éponyme. Cependant, le site est bien plus ancien et il n'a pas été fondé par Hadrien. En fait, il a été habité bien avant, comme en témoignent les vestiges d'un cimetière protodynastique, et en continu pendant les millénaires : des tombeaux du Moyen et Nouvel Empire y ont été découverts ainsi qu'un temple érigé par Ramsès II, et des vestiges ptolémaïques et d'époque de l'empereur Auguste.[1]

Les textiles d'époque chrétienne ont été donnés à la Société polymathique du Morbihan le 5 mars 1908.[2] Le donateur était Émile Guimet (1836–1918),[3] le grand industriel lyonnais qui avait financé, en tant que principal commanditaire, les fouilles du directeur de la mission française dans ce site archéologique important, Albert Gayet (1815–1916).[4] Celui-ci travaillait à Antinoë entre 1896 et 1899, en découvrant des nécropoles datées des premiers siècles apr. J.-C., dont les tombeaux étaient autant riches en tissus qui ont été offerts à plusieurs musées et instituts de France et à l'étranger, conformément à la réglementation du Service des Antiquités de l'Égypte qui prévoyait un partage de la moitié du matériel découvert pendant les fouilles conjointes franco-égyptiennes.[5] La production textile égyptienne n'a pas beaucoup changé au fils des siècles, à part pour l'introduction, à l'Époque copte, de bandes de tissus découpés parallèlement à la chaîne et cousues dans des tissus plus larges avec des bords longitudinaux pliés en dessous. Le changement dans les pratiques funéraires consistait à déposer le mort dans ses habits de vivant, et non plus à traiter son corps comme avant, c'est-à-dire en le privant donc de la momification, du suaire et des couches de bandelettes, mais plutôt de l'envelopper dans un grand tissu, souvent recyclé. Le corpus iconographique des textiles coptes est généralement tiré des peintures, des mosaïques, des sculptures de l'architecture contemporaine. Il était assez courant de créer des modèles 'cartons', des dessins tracés sur papyrus pour des petites portions décoratives du tissu (*tabulae*, *orbiculi*, *clavi* etc.) à l'usage des tisserands qui avaient la pleine liberté d'assembler les différents motifs à leur choix ou selon l'envie du ou des comandataire(s), ce qui explique pourquoi il est rare de trouver des textiles avec la même composition de motifs décoratifs sur leur surface.

Au-delà des motifs géométriques tels que les carrés, les losanges, les triangles, qui étaient souvent utilisés au début de l'Époque copte et réalisés à la navette volante pour orner le contour, on trouve également les rinceaux d'acanthes ou des vignes. Ces éléments végétaux, d'abord associés aux bacchanales de Dionysos (IM 2125.01, IM 2125.02), représentent un motif festif de joie et de renaissance, puis imprégnés de symbolisme chrétien funéraire en raison de leur lien à la passion de Christ. Parmi les décors floraux, on trouve également de petites marguerites, souvent brodées directement sur le tissu avec du fil (IM 2125.20) ainsi que des petites roses sous forme de bouton avec ou sans leur feuillage, qui sont également assez communes et à la mode dans les textiles provenant du site d'Antinoë. On les retrouve comme motif décoratif de la frise centrale, cousues les unes après les autres sur des tuniques ou des châles (IM 2125.04, IM 2125.12, IM 2125.13, IM 2125.16).

---

[1] PM IV : 175–176.
[2] LE MENÉ, 1908 : 9. LINTZ ; COUDERT, 2013 : 46. Date supportée par une accusé de réception daté à ce jour-ci.
[3] BIERBRIER, 2012 : 231.
[4] BIERBRIER, 2012 : 210. Les missions archéologiques se poursuivent jusqu'à nos jours sous l'égide de l'Institut papyrologique de Florence « G. Vitelli ». LINTZ ; COUDERT, 2013 : 23–28.
[5] LINTZ ; COUDERT, 2013 : 33–47.

Des personnages de la mythologie gréco-romaine tels que les héros homériques, les amours ou les saisons personnifiées, les Néréides, le cortège de Dionysos, les danseuses nues, les vignerons, les chevaliers, les chasseurs et les fauves se retrouvent dans des bandes figurées, souvent dans des médaillons ou dans des frises sous des arcades (IM 2125.05). Peu à peu des personnages de la Bible et du Nouveau Testament apparaîtront sur les textiles, parfois en remplacement des figures païennes, parfois en se mélangeant avec celles-ci. En général, ces figures, assez stylisées, sont réalisées en fil noir sur fond écrue, mais parfois d'autres couleurs sont également employées pour les détails des vêtements, de la fleure et de la faune.

Le matériel d'Époque copte est entièrement inédit. En 1908, Monsieur J. M. Le Mené, alors président de la Société polymathique du Morbihan, lors de son allocution du 31 mars devant les membres savants, a annoncé un don d'un nombre non spécifié de textiles anciens provenant des fouilles d'Antinoë et réalisées par M. A. Gayet, sans fournir aucun détail supplémentaire. J. M. Le Mené, « 667ᵉ séance, 31 mars 1908 », *Bulletin de la Société polymathique du Morbihan* (1908), 9. Les fragments sont juste mentionnés dans le catalogue du 1921.

Figure 84. IM 2125.01 (cliché de Christophe Le Pennec)

N° d'inventaire : IM 2125.01

Localisation : Collections du Musée d'histoire et d'archéologie de Vannes.
Acquisition : Don D'Émile Guimet en 1908.
Nature de l'objet : *tabula*, presque carrée d'une tunique.
Provenance : Antinoë.
Dimensions (cm) : L : 11,5cm ; l : 11cm.
Matériau(x) : laine brune.
Datation : Époque copte, 7ᵉ siècle apr. J.-C. Le motif végétal en forme de racèmes en forme stylisé présent sur cette tabula possède des parallèles au musée du Louvre qui ne permettent pas une datation précise (inv. nos AC 217, X 4873, X 4729).[6]
État de conservation : bon, malgré quelques parties de la bordure et du carrée central qui sont détériorés.
Bibliographie : L. Marsille, *Catalogue du musée archéologique de la Société polymathique du Morbihan*, 1921, 123.
Le décor de cette *tabula*, qui est un élément décoratif carré, est assez courant dans les étoffes coptes. Il se compose d'une large bordure ornée d'un rinceau de vignes stylisées formant des médaillons habités par des racèmes monochromes. Cette bordure entoure le champ central, qui est décoré de losanges entrelacés. Ces éléments décoratifs pouvaient être tissés séparément, parfois découpés

---
[6] DE BOURGUET, 1964 : 160–161.

LES TISSUS COPTES

d'un tissu usé, puis cousus sur une autre étoffe, souvent en lin. Cette technique de récupération était destinée à une production en série qui accélérait les travaux textiles et permettait de réaliser des économies. La réalisation de ces motifs se faisait à l'aide d'une navette volante, ou en ressauts.

Figure 85. IM 2125.02 (cliché de Christophe Le Pennec)

N° d'inventaire : IM 2125.02

Localisation : Collections du Musée d'histoire et d'archéologie de Vannes.
Acquisition : don D'Émile Guimet en 1908.
Nature de l'objet : part de bande horizontale/verticale d'une tunique ou d'un galon bicolore.
Provenance : Antinoë.
Dimensions (cm) : L : 28cm ; l : 3,5cm.
Matériau(x) : trame de laine bleu foncé sur toile de lin écru.
Datation : Époque copte, 5e–7e siècles apr. J.-C?
État de conservation : médiocre, la laine est désormais presqu'absente sur la quasi-totalité de la bande, mais le motif décoratif est toujours reconnaissable.
Bibliographie : L. Marsille, *Catalogue du musée archéologique de la Société polymathique du Morbihan*, 1921, 123.
Le décor de la bande se compose d'une frise verticale ou horizontale formée d'un rinceau de vignes stylisées. Étant donné la pénurie d'autres éléments décoratifs, la datation de cette bande reste douteuse.

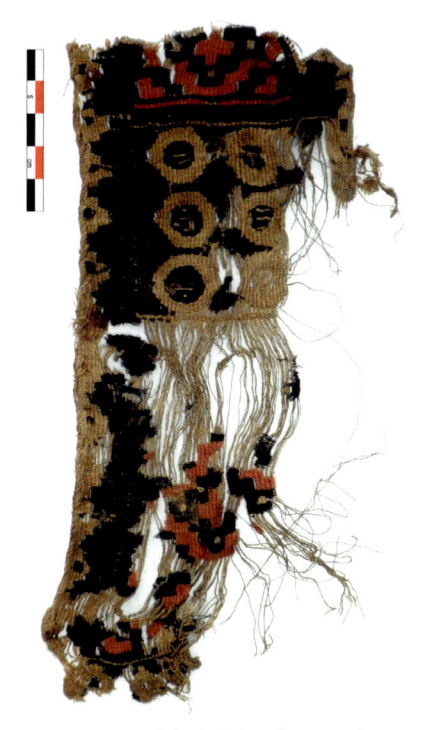

Figure 86. IM 2125.03 (cliché de Christophe Le Pennec)

N° d'inventaire : IM 2125.03

Localisation : Collections du Musée d'histoire et d'archéologie de Vannes.
Acquisition : Don D'Émile Guimet en 1908.
Nature de l'objet : part de galon ? Bande horizontale d'un vêtement, peut être liturgique.
Provenance : Antinoë.
Dimensions (cm) : L : 21cm ; l : 1,9cm.
Matériau(x) : trame de laine noire, écrue et rouge sur toile de lin écru.
Datation : Époque copte, 4e–7e siècles apr. J.-C.
État de conservation : moyen, tissu très abimé dans sa partie inférieure et sur le côté droit.
Bibliographie : L. Marsille, *Catalogue du musée archéologique de la Société polymathique du Morbihan*, 1921, 123.

La toile est écrue et rectangulaire, bordée de fleurettes en forme de croix, qui sont désormais absentes sur le côté droit. La partie sommitale présente un compartiment rectangulaire dont seule la moitié reste cousue au reste de l'étoffe : ici, sur fond noir, une croix rouge entourée de carrés de couleur écrue est circonscrite dans un carré dont les côtés poussent des prolongements angulaires jusqu'à former une autre croix de la même couleur. Le deuxième registre figuré comporte un carré au fond noir au centre, avec deux rangés de cercles noirs ayant des cœurs en laine écrue. La partie inférieure devait répéter le décor du premier registre du haut en présentant au moins deux croix en rouge.

Figure 87. IM 2125.04 (cliché de Christophe Le Pennec)

N° d'inventaire : IM 2125.04

Localisation : Collections du Musée d'histoire et d'archéologie de Vannes.
Acquisition : don D'Émile Guimet en 1908.
Nature de l'objet : tapisserie sur fils de chaîne groupés, fragment de tenture ?
Provenance : Antinoë.
Dimensions (cm) : L : 19cm ; l : 4,5cm.
Matériau(x) : trame de laine polychrome et de lin écrue, duites obliques et courbes, relais.
Datation : Époque copte, 4e–7e siècles apr. J.-C.
État de conservation : discret, malgré son état fragmentaire, il est encore possible d'identifier le motif décoratif.
Parallèles : une bande d'encolure au motif végétal et géométrique (triangles) similaire se trouve dans la tapisserie E 28720 du musée du Louvre de Paris.[7]
Bibliographie : L. Marsille, *Catalogue du musée archéologique de la Société polymathique du Morbihan*, 1921, 123.

Il s'agit d'un fragment d'un décor de tapisserie en laine polychrome de format rectangulaire. L'iconographie est composée d'une série de triangles multicolores abritant des fleurs (?) et des

---
[7] https://collections.louvre.fr/en/ark:/53355/cl010050027 (accès en novembre 2022).

arbres dotés d'un tronc court et de feuilles vert foncé et vert clair. Dans la partie inférieure, on trouve un entrelacs sur fond écrue. Le motif est composé de deux brins, chacun formé de deux rubans de couleur jaunâtre séparés à chaque cinq nœuds par une sphère (?) d'une autre couleur.

Figure 88. IM 2125.05 (cliché de Christophe Le Pennec)

N° d'inventaire : IM 2125.05

Localisation : Collections du Musée d'histoire et d'archéologie de Vannes.
Acquisition : don D'Émile Guimet en 1908.
Nature de l'objet : tapisserie sur fils de chaîne groupés ?
Provenance : Antinoë.
Dimensions (cm) : L : 30cm ; E : 1,7cm.
Matériau(x) : trame de laine polychrome et de lin écrue.
Datation : Époque copte, 5e–7e siècles apr. J.-C.
État de conservation : discret, des signes d'usure sont visibles dans la section centrale où la laine est usée et plus claire, et un trou triangulaire est signalé à l'extrémité droite de la pièce.
Parallèles : voir le *clavus* E 26141 au musée du Louvre de Paris.[8]
Bibliographie : L. Marsille, *Catalogue du musée archéologique de la Société polymathique du Morbihan*, 1921, 123.

Il s'agit d'un fragment de tapisserie en laine polychrome, de format rectangulaire. L'iconographie est composée de scènes dionysiaques, d'un ornement d'encolure agencé en arches. Dans le premier registre figuré à gauche, on peut voir un danseur sous une arcade semi-circulaire ou une tonnelle stylisée, issu du thiase bachique (?), la main droite en l'air, l'autre le long du corps. Les autres registres qui suivent sont tous encadrés dans une arcade/tonnelle comme dans le premier. La scène du deuxième registre n'est pas identifiable, la troisième montre un cheval sans monture au galop. Ensuite, toute la partie suivante semble noircie par des fumigations ou a été probablement exposée au feu, donc seule une figure humaine est reconnaissable dans le troisième registre. En-dessous, une bande mince avec un motif floral peut-être une série de boutons de lotus est visible. La surface est également marquée par des déchirures sur toute la surface.

---

[8] https://collections.louvre.fr/en/ark:/53355/cl010045395 (accès en novembre 2022).

Figure 89. IM 2125.06 (cliché de Christophe Le Pennec)

N° d'inventaire : IM 2125.06

Localisation : Collections du Musée d'histoire et d'archéologie de Vannes.
Acquisition : don D'Émile Guimet en 1908.
Nature de l'objet : pourtour de l'encolure d'une tunique (?)
Provenance : Antinoë.
Dimensions (cm) : L : 22cm ; E : 1,6cm.
Matériau(x) : trame de laine polychrome et de lin écru.
Datation : Époque copte, 4e–7e siècles apr. J.-C.
État de conservation : bon.
Bibliographie : L. Marsille, *Catalogue du musée archéologique de la Société polymathique du Morbihan*, 1921, 123.

Il s'agit de la partie supérieure fragmentée d'une tunique. L'encolure est ornée d'une bande brochée de couleur bleue-noirâtre, encadrée d'une fine bordure jaune. Le motif géométrique est composé d'une série de quatre losanges aux angles arrondis, contenant des ovales. Au centre de la bande, un ovale entouré d'un autre ovale fait de pointillé. La variété des formes décoratives a été obtenue grâce à l'utilisation de la navette volante, qui permet d'ajouter une trame supplémentaire partout en se superposant sur la structure de fond, et de créer également des lignes obliques.

Figure 90. IM 2125.07 (cliché de Christophe Le Pennec)

N° d'inventaire : IM 2125.07

Localisation : Collections du Musée d'histoire et d'archéologie de Vannes.
Acquisition : don D'Émile Guimet en 1908.
Nature de l'objet : médaillon d'une tunique ou d'un châle.
Provenance : Antinoë.
Dimensions (cm) : L : 47cm ; l : 37cm ; E : 1,36cm.
Matériau(x) : trame de laine monochrome incluse dans une toile de lin.
Datation : Époque copte, 4e–5e siècles apr. J.-C.
État de conservation : discret, signes d'usure dans la moitié droite où la laine est fruste, nombreux trous partout et des parties manquantes de tissu.
Parallèles : voir l'*orbiculus* similaire qui est conservé au Musée Georges Labit de Toulouse n° d'inv. AI 49 679 et 82-2-29, lui-aussi provenant d'Antinoë.[9]
Bibliographie : L. Marsille, *Catalogue du musée archéologique de la Société polymathique du Morbihan*, 1921, 123.

Il s'agit d'un fragment de toile de lin, peut-être d'une tunique ou d'un châle, dans lequel est inséré un médaillon en laine de couleur bleu foncé, également appelé *orbiculus*. Le disque est entouré d'une bande de baies bleues, voire des perles, sur un fond écru, et contenant des entrelacs enroulés sur eux-mêmes qui s'évasent pour former un espace de forme rhomboïdale allongée. Ce type de motif est également connu sous le nom de « Flechtkonen » ou « nœud de Salomon »/ « sfragis Salomonis », et est considéré comme ayant un pouvoir apotropaïque car il n'y a ni début ni fin. Les dessins ont été réalisés à la navette volante ou en ressauts au fil jaune sur un fond de couleur bleu.

---
[9] LORQUIN, 1999 : 70–71.

Figure 91. IM 2125.08 (cliché de Christophe Le Pennec)

N° d'inventaire : IM 2125.08

Localisation : Collections du Musée d'histoire et d'archéologie de Vannes.
Acquisition : don D'Émile Guimet en 1908.
Nature de l'objet : fragment d'un bord inférieur d'une tunique/châle.
Provenance : Antinoë.
Dimensions (cm) : L : 69cm ; E 1,36cm.
Matériau(x) : trame de laine monochrome incluse dans une toile de lin écru.
Datation : Époque copte, 4e–6e siècles apr. J.-C.
État de conservation : discret, malgré le nombre de parties manquantes de tissu.
Bibliographie : L. Marsille, *Catalogue du musée archéologique de la Société polymathique du Morbihan*, 1921, 123.

Fragment de tissu en laine cousue sur une toile de lin écru, probablement la partie inférieure ou supérieure d'une tunique ou d'un châle. Le motif central est géométrique et encarré par une bande de petits triangles en jaune. Le motif est tracé avec du fil de laine simple et se compose de deux rangées de quatre hexagones contenant des entrelacs (des nœuds de Salomon). La section de gauche diffère de l'autre côté : la bande de triangles s'évase en renforcements angulaires ; à l'extérieur de celle-ci, dans l'extrémité gauche, un carré de laine jaune est cousu en laissant libre quatre cercles aux angles intérieurs, à l'intérieur desquels un pointillé est réalisé. Au centre du carré, il y a un losange, et à chaque côté de ses pointes se trouvent deux petites sphères non travaillées. A son tour, il renferme une croix réalisée au fil de laine simple et composée de sphères.

Figure 92. IM 2125.09 (cliché de Christophe Le Pennec)

N° d'inventaire : IM 2125.09

Localisation : Collections du Musée d'histoire et d'archéologie de Vannes.
Acquisition : don D'Émile Guimet en 1908.
Nature de l'objet : bande de poignet d'un habit (tunique ?).
Provenance : Antinoë.
Dimensions (cm) : L : 21cm ; l : 13cm.
Matériau(x) : trame de laine monochrome incluse dans une toile de lin écru.
Datation : Époque copte, 4e–7e siècles apr. J.-C.
État de conservation : discret, malgré des trous dans la partie inférieure et quelques lacunes de tissu.
Bibliographie : L. Marsille, *Catalogue du musée archéologique de la Société polymathique du Morbihan*, 1921, 123.

Il s'agit d'une partie de l'extrémité supérieure ou inférieure d'une manche d'habit avec des franges. Les deux bandes en laine lie-de-vin, de moindre épaisseur, devaient être parallèles et cousues sur la toile de lin, également à l'autre extrémité.

Figure 93. IM 2125.10 (cliché de Christophe Le Pennec)

N° d'inventaire : IM 2125.10

Localisation : Collections du Musée d'histoire et d'archéologie de Vannes.
Acquisition : don D'Émile Guimet en 1908.
Nature de l'objet : fragment de lin écru aux bandes polychromes, d'un châle ?
Provenance : Antinoë.
Dimensions (cm) : L : 27cm ; l : 26cm.
Matériau(x) : lin écru.
Datation : Époque copte, 3e–10e siècles apr. J.-C.
État de conservation : bon, malgré quelques déchirures de tissu, duites obliques et courbes. Des taches sont également présentes au centre de l'étoffe et aux côtés.
Bibliographie : L. Marsille, *Catalogue du musée archéologique de la Société polymathique du Morbihan*, 1921, 123.

Fragment de lin écru, plissé dans certaines parties, peut-être d'un châle. Le motif décoratif est assez simple : deux lisières de trois bandes parallèles entre elles à chaque côté, l'une réalisée au fil jaune entre deux vertes à gauche, l'autre au fil rouge entre deux bandes vertes à droite de l'observateur. On constate l'usage d'une technique spécifique appelée *crapautage* sur le côté droit : le calibre du fil de trame est augmenté, empêchant une levée des fils de chaine un par un, généralement utilisée pour la création de décors linéaires ton sur ton.

Figure 94. IM 2125.11 (cliché de Christophe Le Pennec)

N° d'inventaire : IM 2125.11

Localisation : Collections du Musée d'histoire et d'archéologie de Vannes.
Acquisition : don D'Émile Guimet en 1908.
Nature de l'objet : fragment d'une manche de tunique ?
Provenance : Antinoë.
Dimensions (cm) : L : 18cm ; l : 13cm.
Matériau(x) : trame de laine bichrome incluse dans une toile de lin.
Datation : Époque copte, 4e–7e siècles apr. J.-C.
État de conservation : discret, malgré des déchirures et quelques lacunes de tissu.
Bibliographie : L. Marsille, *Catalogue du musée archéologique de la Société polymathique du Morbihan*, 1921, 123.

Il s'agit d'une partie de la manche d'une tunique. Au sommet, on peut observer deux séries de lignes parallèles réalisées par *le crapautage*. Les deux bandes horizontales et parallèles, réalisées en laine rouge, ont été cousues directement sur la toile en lin écru. Les rhombes qui décorent ces bandes sont réalisés avec du fil de lin écru. La partie supérieure de la manche a été renforcée avec des fils de laine rouge provenant des bandes horizontales. Le plissé léger peut expliquer la disposition du tissu dans la tunique. Les extrémités sont plus sombres car elles sont sales ou tachées.

Figure 95. IM 2125.12 (cliché de Christophe Le Pennec)

N° d'inventaire : IM 2125.12

Localisation : Collections du Musée d'histoire et d'archéologie de Vannes.
Acquisition : don D'Émile Guimet en 1908.
Nature de l'objet : fragment d'une tunique.
Provenance : Antinoë.
Dimensions (cm) : L : 43cm ; l. : 10cm.
Matériau(x) : trame de laine polychrome incluse dans une toile de lin.
Datation : Époque copte, 4e–7e siècles apr. J.-C.
État de conservation : bon, malgré des trous, quelques lacunes de tissu et des noircissements.
Bibliographie : L. Marsille, *Catalogue du musée archéologique de la Société polymathique du Morbihan*, 1921, 123.

Il s'agit d'un fragment d'une toile de tunique en lin écru, qui présente des coups de trames multiples et une frise centrale à motifs floraux polychromes et brodés. Cette frise a été réalisée sur des fils de chaîne groupés avec des duites obliques, des courbes, des relais, et des parfilages. Elle se compose de deux rangées de bandes centrales constituées de boutons de fleurs rouges et jaunes lancéolés, enserrées par deux fines feuilles symétriques issues d'une longue tige. Un décor similaire avec des boutons se retrouve dans une étoffe conservée au musée de Die et du Diois.[10] En haut, à gauche, une ligne de laine rouge comme les boutons a été cousue, peut-être pour encadrer le décor central. Le décor végétal, avec des fleurs stylisées épanouies ou en bouton, représente la « mode d'Antinoë ». Il est omniprésent sur les châles, les tuniques mais aussi sur les linceuls des villageois du site hermopolitain.

Figure 96. IM 2125.13 (cliché de Christophe Le Pennec)

N° d'inventaire : IM 2125.13

Localisation : Collections du Musée d'histoire et d'archéologie de Vannes.
Acquisition : don D'Émile Guimet en 1908.
Nature de l'objet : fragment d'une tunique ?
Provenance : Antinoë.
Dimensions (cm) : L : 14cm ; E : 1,13cm.
Matériau(x) : trame de laine polychrome du décor floral incluse dans une toile de lin.
Datation : Époque copte, 4e–7e siècles apr. J.-C.
État de conservation : bon, malgré son état fragmentaire.
Bibliographie : L. Marsille, *Catalogue du musée archéologique de la Société polymathique du Morbihan*, 1921, 123.

---
[10] LINTZ ; COUDERT, 2013, 370, n° 263.

Il s'agit d'un fragment de toile de tunique en lin écru, sur lequel on peut distinguer des coups de trames multiples. Ce morceau de tissu conserve une frise centrale (?) à motifs floraux polychromes, assez similaire à celui réalisé sur IM 2125.12. Cette frise se compose de deux rangées de bandes centrales, chacune étant composée de boutons de fleurs rouges avec des fils internes de couleur écru, lancéolés, enserrés par deux fines feuilles symétriques issues d'une longue tige. Dans la partie inférieure, du côté gauche de l'observateur, on peut distinguer trois séries de deux lignes parallèles réalisées par le *crapautage*.

Figure 97. IM 2125.14 (cliché de Christophe Le Pennec)

N° d'inventaire : IM 2125.14

Localisation : Collections du Musée d'histoire et d'archéologie de Vannes.
Acquisition : don D'Émile Guimet en 1908.
Nature de l'objet : petit fragment de tissu.
Provenance : Antinoë.
Dimensions (cm) : L : 12cm ; E : 1,5cm.
Matériau(x) : trame de laine polychrome du décor floral incluse dans une toile de lin.
Datation : Époque copte, siècles imprécisés.
État de conservation : médiocre.
Bibliographie : L. Marsille, *Catalogue du musée archéologique de la Société polymathique du Morbihan*, 1921, 123.

Petit fragment en laine noire, orange et jaune, sur fond de lin couleur écru. En raison de ses petites dimensions, il est difficile de déterminer s'il s'agit d'une partie de décor figuré ou d'une frise. Sur le sommet de gauche, on peut voir des franges.

Figure 98. IM 2125.15 (cliché de Christophe Le Pennec)

N° d'inventaire : IM 2125.15

Localisation : Collections du Musée d'histoire et d'archéologie de Vannes.
Acquisition : don D'Émile Guimet en 1908.
Nature de l'objet : petits fragments de tissu.
Provenance : Antinoë.
Dimensions (cm) : L : 15cm ; E : 1,6cm max.
Matériau(x) : trame de laine polychrome du décor floral incluse dans une toile de lin.
Datation : Époque copte, siècles imprécisés.
État de conservation : médiocre.
Bibliographie : L. Marsille, *Catalogue du musée archéologique de la Société polymathique du Morbihan*, 1921, 123.

Il s'agit de deux petits fragments de lin couleur écrou décorés de losanges tracés au fil de laine couleur marron foncé. À chaque angle, on peut distinguer des éléments figurés qui sont désormais illisibles, mais qui étaient réalisé aux fils de laine rose et rouge. Il est possible que des lignes verticales cousues au fil de laine marron foncé aient servi à séparer les registres décoratifs en compartiments distincts.

Figure 99. IM 2125.16 (cliché de Christophe Le Pennec)

N° d'inventaire : IM 2125.16

Localisation : Collections du Musée d'histoire et d'archéologie de Vannes.
Acquisition : don D'Émile Guimet en 1908.
Nature de l'objet : petit fragment de tissu en lin décoré avec des éléments en laine, peut-être faisant partie d'une tunique.
Provenance : Antinoë.
Dimensions (cm) : L : 15cm ; E : 1,8cm max.
Matériau(x) : trame de laine polychrome du décor floral incluse dans une toile de lin.
Datation : Époque copte, 4e–7e siècles apr. J.-C.
État de conservation : discret.
Bibliographie : L. Marsille, *Catalogue du musée archéologique de la Société polymathique du Morbihan*, 1921, 123.

Le petit fragment de lin est de couleur écrou, et présente un décor floral à bandes horizontales composées de boutons de fleurs lancéolés. Les boutons de la bande supérieure sont rouges, avec des fils internes de couleur rose, tandis que ceux de la bande inférieure sont plus petits, en bleu, avec un contour en laine noire et jaune. Des fils jaunes sont également cousus à l'intérieur de chaque bouton, peut-être pour représenter le pistil. Comparé aux exemplaires similaires conservés à Vannes, notamment IM 2125.12 et IM 2125.13, ce fragment ne présente pas les feuilles symétriques issues d'une longue tige.

Figure 100. IM 2125.17 (cliché de Christophe Le Pennec)

N° d'inventaire : IM 2125.17

Localisation : Collections du Musée d'histoire et d'archéologie de Vannes.
Acquisition : don D'Émile Guimet en 1908.
Nature de l'objet : fragment de tapisserie en laine.
Provenance : Antinoë.
Dimensions (cm) : L : 28cm ; l max. : 18cm.
Matériau(x) : trame de laine polychrome incluse dans une toile de lin.
Datation : Époque copte, siècles imprécisés.
État de conservation : discret.
Bibliographie : L. Marsille, *Catalogue du musée archéologique de la Société polymathique du Morbihan*, 1921, 123.

Il s'agit d'un fragment de tapisserie polychrome, réalisé avec des fils de laine noire, marron, beige, bleue, verte et rose. Il est probable que ce fragment faisait partie d'une tenture, mais il est impossible de déterminer aujourd'hui le motif décoratif qui ornait la toile.

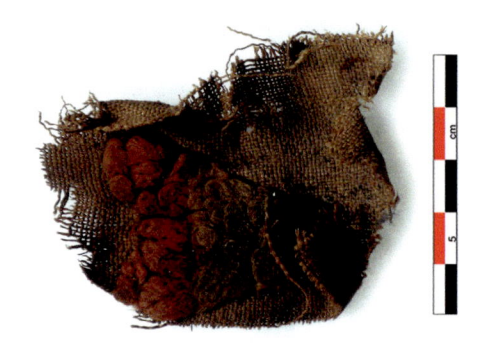

Figure 101. IM 2125.18 (cliché de Christophe Le Pennec)

N° d'inventaire : IM 2125.18

Localisation : Collections du Musée d'histoire et d'archéologie de Vannes.
Acquisition : don D'Émile Guimet en 1908.
Nature de l'objet : fragment en laine.
Provenance : Antinoë.
Dimensions (cm) : L : 7cm ; l. max : 6cm.
Matériau(x) : trame de laine polychrome incluse dans une toile de lin.
Datation : Époque copte, siècles imprécisés.
État de conservation : discret.
Bibliographie : L. Marsille, *Catalogue du musée archéologique de la Société polymathique du Morbihan*, 1921, 123.

Il s'agit d'un petit fragment de tissu avec un décor floral, composé de fils de laine travaillés en petites boucles en forme de boules. Les boules en haut sont en couleur rouge et rose, tandis qu'en bas sont en vert-beige. Il est également possible que ce fragment ait été utilisé comme un élément décoratif sur un bourrelet porté par une défunte, bien que cela ne puisse être confirmée avec certitude.[11]

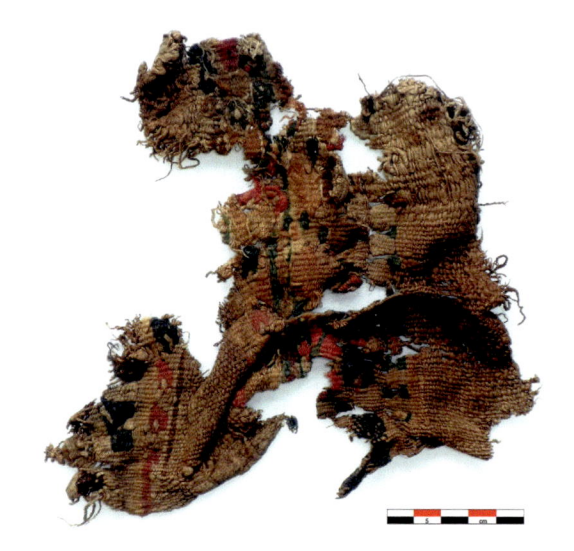

Figure 102. IM 2125.19 (cliché de Christophe Le Pennec)

---

[11] À titre d'exemple, voir LINTZ ; COUDERT, 2013 : 280, n° 109a.

N° d'inventaire : IM 2125.19

Localisation : Collections du Musée d'histoire et d'archéologie de Vannes.
Acquisition : don D'Émile Guimet en 1908.
Nature de l'objet : fragment en laine.
Provenance : Antinoë.
Dimensions (cm) : L : 19cm ; l : 18cm.
Matériau(x) : trame de laine polychrome incluse dans une toile de lin.
Datation : Époque copte, siècles imprécisés.
État de conservation : discret.
Bibliographie : L. Marsille, *Catalogue du musée archéologique de la Société polymathique du Morbihan*, 1921, 123.

Il s'agit d'un fragment de tissu, utilisant des fils de laine polychrome (jaune, marron, bleu, rouge, verte et beige) pour composer des registres décoratifs. Malheureusement, ces registres ne sont plus lisibles aujourd'hui en raison de l'état fragmentaire de la toile et de ses déchirures. Il est possible que le décor ait représenté des éléments floraux, étant donné le choix de couleurs utilisées.

Figure 103. IM 2125.20 (cliché de Christophe Le Pennec)

N° d'inventaire : IM 2125.20

Localisation : Collections du Musée d'histoire et d'archéologie de Vannes.
Acquisition : don D'Émile Guimet en 1908.
Nature de l'objet : fragment inférieur d'une tunique.
Provenance : Antinoë.
Dimensions (cm) : L : 15cm ; l : 11cm.
Matériau(x) : trame de laine polychrome incluse dans une toile de lin.
Datation : Époque copte, 7e siècle.
État de conservation : bon, malgré soit fragmentaire.
Parallèles : ce motif à 'marguerite' dans une bande décorative d'habillement sur fond rouge se retrouve également dans le fragment E 28853 du musée du Louvre de Paris.[12]

---
[12] https://collections.louvre.fr/en/ark:/53355/cl010050141 (accès en novembre 2022).

Bibliographie : L. Marsille, *Catalogue du musée archéologique de la Société polymathique du Morbihan*, 1921, 123.

Le motif floral est cousu sur la partie inférieure gauche d'une tunique et devait être symétrique non seulement sur le devant, mais également à l'arrière. La frise décorative se compose de petites fleurs équidistantes et stylisées : la corolle est en laine jaune entourée par un cercle de laine noire, les huit pétales sont de couleur écru et groupés par deux. La lisière supérieure et inférieure est composée d'une bande de laine jaune et verte. Il est intéressant de noter que le motif des fleurs octolobées ne semble pas apparaître avant le 7e siècle ap. J.-C. [13]

Figure 104. IM 2125.21 (cliché de Christophe Le Pennec)

N° d'inventaire : IM 2125.21

Localisation : Collections du Musée d'histoire et d'archéologie de Vannes.
Acquisition : don D'Émile Guimet en 1908.
Nature de l'objet : possible fragment d'une tunique.
Provenance : Antinoë.
Dimensions (cm) : L : 25,5cm ; l : 1 cm.
Matériau(x) : trame de laine polychrome incluse dans une toile de lin.
Datation : Époque copte, 7e siècle ap. J.-C.
État de conservation : médiocre, tissu très abimé, décor incomplet, voire illisible.
Bibliographie : L. Marsille, *Catalogue du musée archéologique de la Société polymathique du Morbihan*, 1921, 123.

Il s'agit probablement d'une bande ornementale d'une partie de tunique à fond vert-noir. Une frise décorative de bordure est encore partiellement lisible : une suite de fleurons stylisés en lin écru.[14] Des entrelacements au fil de laine rouge peuvent créer l'effet de lignes séparatrices ou de la lisière.

---
[13] P. DE BOURGUET, 1964 : 172, n° D 138.
[14] SANTROT, 2001 : 161, n° 120 ; DE BOURGUET, 1964 : 171, n° D 137.

Figure 105. IM 2125.22 (cliché de Christophe Le Pennec)

N° d'inventaire : IM 2125.22

Localisation : Collections du Musée d'histoire et d'archéologie de Vannes.
Acquisition : don D'Émile Guimet en 1908.
Nature de l'objet : possible fragment d'une tunique, côté gauche de la toile.
Provenance : Antinoë.
Dimensions (cm) : L : 52cm ; l : 16cm.
Matériau(x) : trame de laine monochrome incluse dans une toile de lin.
Datation : Époque copte, 3e–7e siècles ap. J.-C.
État de conservation : bon.
Bibliographie : L. Marsille, *Catalogue du musée archéologique de la Société polymathique du Morbihan*, 1921, 123.

Il s'agit d'une tunique en toile de lin pourvue d'empiècements d'éléments décoratifs rajoutés par couture. Ceux-ci sont monochromes (noirs/bleus foncés ?) et consistent en un décor géométrique sous forme de losange qui se trouvait au milieu de toute la largeur de la toile ; un autre devait se trouver, de manière symétrique, sur l'autre, aujourd'hui disparu. Les angles supérieur et inférieur sont pourvus d'un autre élément cousu en laine brune, en forme de tige (?). À l'intérieur du losange, bien que difficile à repérer, se trouve un décor floral tracé au fil écru. La toile, comme dans la majorité des cas, devait être barrée par deux *clavi* parallèles qui occupaient toute la largeur de la toile, dont seul celui du côté gauche reste aujourd'hui sur le fragment de tissu. Le *clavus* restant se compose d'une simple bande en laine brune.

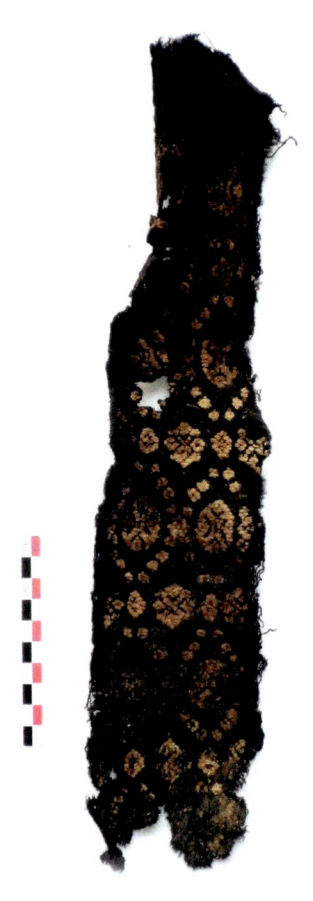

Figure 106. IM 2125.23 (cliché de Christophe Le Pennec)

N° d'inventaire : IM 2125.23

Localisation : Collections du Musée d'histoire et d'archéologie de Vannes.
Acquisition : don D'Émile Guimet en 1908.
Nature de l'objet : fragment d'une tunique/galon bicolor.
Provenance : Antinoë, tombe C 329 de la 'Nécropole C'?
Dimensions (cm) : L : 39cm ; l : 8,5cm.
Matériau(x) : trame de laine en deux couleurs.
Datation : Époque copte, 3e–7e siècles ap. J.-C.
État de conservation : bon.
Parallèles : ce fragment pourrait faire partie du même vêtement conservé au musée du Louvre de Paris sous le numéro d'inventaire E 32023, car le décor, la couleur et le type de tissu sont les mêmes.[15]
Bibliographie : L. Marsille, *Catalogue du musée archéologique de la Société polymathique du Morbihan*, 1921, 123.

Cette partie de tunique ou de *galon* ecclésiastique présente un fond en laine noire/bleu foncé sur lequel on a cousu deux rangées de losanges de laine jaune travaillés en petites boucles (technique de brochage). Chaque losange se compose de petites fleurs équidistantes et assez stylisées, avec à l'intérieur un élément ovale. Dans l'espace libre entre les deux rangées de losanges se trouve un décor hexagonal, également en laine jaune.

---

[15] https://collections.louvre.fr/en/ark:/53355/cl010441127 (accès en novembre 2022).

Figure 107. IM 2125.24 (cliché de Christophe Le Pennec)

N° d'inventaire : IM 2125.24

Localisation : Collections du Musée d'histoire et d'archéologie de Vannes.
Acquisition : don D'Émile Guimet en 1908.
Nature de l'objet : *tabula* presque carrée décorative.
Provenance : Antinoë.
Dimensions (cm) : L : 9cm ; l : 8cm.
Matériau(x) : trame de laine et lin.
Datation : Époque copte, 3e–7e siècles ap. J.-C.
État de conservation : bon.
Bibliographie : L. Marsille, *Catalogue du musée archéologique de la Société polymathique du Morbihan*, 1921, 123.

Tabula, ou carré en laine, qui pourrait faire partie d'une tunique. L'ensemble du décor se détache en lin écru sur fond noir en laine. Le champ central présente un petit carré avec un décor constitué de nœuds complexes entrelacés. Celui-ci est encadré par un carré de perles, à son tour renfermé par un cadre sous forme d'un large entrelacs à un seul brin. Le tissu est réalisée à l'aide de relais et duites courbes, ainsi qu'à l'aide d'un travail à la navette volante.

Figure 108. IM 2125.25 (cliché de Christophe Le Pennec)

N° d'inventaire : IM 2125.25

Localisation : Collections du Musée d'histoire et d'archéologie de Vannes.
Acquisition : don D'Émile Guimet en 1908.
Nature de l'objet : tunique fragmentaire.
Provenance : Antinoë.
Dimensions (cm) : L : 96cm ; l : 70cm.
Matériau(x) : trame de laine et lin.
Datation : Époque copte, 4e-7e siècles apr. J.-C.
État de conservation : médiocre. Il y a beaucoup de trous, de lacunes, des parties noircies et tachées, et les trames des décors partiellement parties.
Bibliographie : L. Marsille, *Catalogue du musée archéologique de la Société polymathique du Morbihan*, 1921, 123.

La tunique en lin écru est très abîmé par l'usure et la saleté. Il est encore possible de distinguer ce qu'il reste des deux *clavi* parallèles, chacun étant composé de deux bandes fines en trame de laine noire. Le décor est aujourd'hui illisible, car il est presque entièrement perdu sur le sommet du côté gauche et en partie présent sur celui de droite. Une *tabula* en laine noire de forme carrée, en très mauvais état, est cousue à la moitié de la longueur du *clavus* de gauche, sans aucun décor.

La céramique égyptienne d'époque médiévale

Simone PETACCHI

La collection vannetaise comprend également trois lampes égyptiennes à long col d'époque médiévale, notamment de la période fatimide (975–1025 ap. J.-C.), et réalisées à partir de deux moules. Ces lampes, souvent appelées « luster wares », se caractérisent par un long col évasé et un bec-verseur (parfois deux). Elles ont été produites dans les ateliers des potiers de Fustat, un ancien quartier de ce qu'il est aujourd'hui la ville du Caire. Les lampes ont été fabriquées à partir de l'argile (calcaire mélangé à de l'alluvion du Nil : « Ca–Nile I » ou « Ca–Nile II »), puis cuites et vitrifiées.[1] Elles ont été produites en série, et sont rarement ornées de décors floraux sur leur surface. Aujourd'hui, le Musée d'Histoire et d'Archéologie de Vannes ne conserve que deux exemplaires du lot d'origine, car IM 2124.2 a disparu. Malgré leur état fragmentaire, les deux lampes restantes présentent un corps plus ou moins globulaire/tronconique et un col cintré réalisé au tour.

Figure 109. IM 2124.1 (cliché de Christophe Le Pennec)

N° d'inventaire : IM 2124.1

Localisation : Collections du Musée d'histoire et d'archéologie de Vannes.
Acquisition : don de Mme la veuve Lorois en 1868.
Nature de l'objet : lampe à huile à col long, en céramique vernissée.
Provenance : Fustat.
Dimensions (cm) : L : 6,4cm ; l : 9cm ; E : 6,2cm.
Matériau(x) : céramique.
Datation : Époque fatimide, 10e–12e siècles apr. J.-C.
État de conservation : médiocre, son état est très fragmentaire.
Bibliographie : L. Marsille, *Catalogue du musée archéologique de la Société polymathique du Morbihan*, 1921, 123.

La lampe a un réservoir au corps tronconique, avec une base plate, un col cintré et une petite anse entre le col et la panse. Ce qui reste d'un petit bec-verseur, affiné en canal ouvert sur le dessus, représente un élément typique dans cette typologie de lampes à huile. La lampe possède une double

---
[1] MASON ; TUGWELL, 2011 : 337–338.

carène au contour sommital de la panse et autour de la base du col. Elle a perdu complètement sa couche de vitrification, qui était généralement de couleur turquoise ou verte brillante, et sa couleur marron-rougeâtre suggère une cuisson trop basse qui a endommagé l'objet. Il est possible que ce soit un déchet d'atelier qui était inachevé. Ce spécimen est accompagné d'une étiquette beige manuscrite, qui indique son numéro d'inventaire et présente une brève description : « lampe émaillée don de la v(euve) Lorois ».

Figure 110. RL. 48-02.1.04 (cliché de Christophe Le Pennec)

N° d'inventaire : RL. 48–02.1.04

Localisation : Collections du Musée d'histoire et d'archéologie de Vannes.
Acquisition : don de Louis Audemard.
Nature de l'objet : lampe à huile à col long, en céramique vernissée.
Provenance : Fustat.
Dimensions (cm) : L : 8,5cm ; l : 5cm ; E. : 4,5cm.
Matériau(x) : céramique.
Datation : Époque fatimide, 10e–12e siècles apr. J.-C.
État de conservation : médiocre, son état est très fragmentaire.
Bibliographie : inédite.

De corps tronconique, base plate, col cintré, avec une petite anse entre le col et la panse, la lampe présente ce qu'il reste d'un petit bec-verseur, avec une ouverture en haut, qui devait être bien plus long. La lampe possède une double carène au contour sommital de la panse et autour de la base du col. Elle a perdu complètement sa couche de vitrification qui en général était de couleur turquoise ou verte brillante.

Les objets d'époque moderne ou de nature incertaine

Simone PETACCHI

Parmi les objets de la collection d'antiquités égyptiennes de Vannes, deux sont clairement des pièces de production moderne et non des antiquités. Le premier est un faux scaraboïde en pierre grise avec des hiéroglyphes incisés sur côté mais sans aucun sens (IM 2107 ; H : 3,8cm ; l : 2,6cm).[1] Le deuxième est une boucle d'oreille en laiton doré en forme de scarabée (RL 95.02.1). A ce groupe, on peut ajouter un fragment en pierre calcaire avec un élément sculpté difficile à interpréter (IM 2119 ; H : 7cm ; l : 9cm) et une gemme (?) en agate rouge encore dans sa gangue représentant un aigle, une possible production du Proche Orient ou égyptienne mais d'époque hellénistique (IM 2113 ; H : 1,2cm ; l : 1cm). Il est intéressant de noter le sommet en alliage cuivreux en forme de faucon avec disque solaire et *uræus* (IM 2118 ; H : 7cm ; l : 4cm ; E : 2,5 m)[2] qui devait être fixé à un support du même matériau. Il faisait peut-être partie d'un décor d'insigne de cérémonie. Si on le compare à l'objet avec numéro d'inventaire ÄF 2009.2 du Musée Bible + Orient de Fribourg[3] aussi en alliage cuivreux, cela pourrait figurer l'extrémité d'une *khepesh* cérémonielle, en raison de sa taille, ou un attribut de petite statue de culte.

Figure 111. IM 2118 (cliché de Christophe Le Pennec)

---

[1] MARSILLE, 1921 : 122.
[2] MARSILLE, 1921 : 123.
[3] BAILLET, 1899 : 189 ; SPIESER, 2023 : 108–109.

Bibliographie générale du catalogue

AFFHOLDER, G. et CONIC, M. J. 1990. *Angers, Musée Pincé : collections égyptiennes*. Paris : Éditions de la Réunion des musées nationaux.

ASTON, D. A. et BIETAK, M. 2012. *Tell El-Dab'a VIII. The classification and chronology of Tell el-Yahudiya Ware*, UZK 12. Vienne : Verlag der österreichischen Akademie der Wissenschaften.

AUBERT, J.-F. et AUBERT, L. 1974. *Statuettes égyptiennes : chaouabtis, ouchebtis*. Paris : Librairie d'Amérique et d'Orient, Adrien Maisonneuve J. Maisonneuve.

AUBERT, G. 2001. *Le Président de Robien : gentilhomme et savant dans la Bretagne des lumières*, Rennes : PUR.

BACKES, B. et DRESBACH, G. 2007. Index zu Michelle Thirion, 'Notes d'onomastique. Contribution à une révision du Ranke PN, 1-14e série. *British Museum Studies in Ancient Egypt and Sudan* 8, pp. 1-48.

BAILLET, J. 1889. Collection égyptologique du Musée de Vannes. *Bulletin de la Société polymathique du Morbihan*, pp. 184-190.

BAILLET, J. 1900. Antiquités égyptiennes du Musée de Vannes. *Recueil des travaux relatifs à la philologie et à l'archéologie égyptiennes et assyriennes* 22, pp. 39-40.

BAUDRE, G. 1949. 1110[e] séance, 12 février 1948. *Bulletin de la Société polymathique du Morbihan*, pp. 8-15.

BERLEV, O., HODŽAŠ, D. et IZMAJLOVNA, S. 1998. *Catalogue of the monuments of ancient Egypt = Katalog egipetskiĭ pamiatnikov iz muzeev Rossiĭskoĭ Federatsii, Ukraini, Belorussii, Kavkaza, Sredneĭ Azii i Pribaltiki : from the museums of the Russian Federation, Ukraine, Bielorussia, Caucasus, Middle Asia and the Baltic states*. Oriens Biblicus Orientalis 17. Fribourg : University Press Vandenhoeck & Ruprecht.

BERMAN, L. M. 1999. *Catalogue of Egyptian Art. The Cleveland Museum of Art*. Cleveland : Cleveland Museum of Art.

BIETAK, M. et REISER-HASLAUER, E. 1978. *Das Grab des ,Anch-Hor, Oberhofmeister der Gottesgemahlin Nitokris I*. Vienne : Osterreichische Akademie der Wissenschaften.

BIETAK, M. et REISER-HASLAUER, E. 1982. *Das Grab des ,Anch-Hor II*. Vienne : Osterreichische Akademie der Wissenschaften.

BIERBRIER, M. L. 2012. *Who was who in Egyptology*, 4ème edition. Londres : Egypt Exploration Society.

BONHAMS. 1996. *Fine Antiquities, Vente aux enchères du 4/7/1996*. Paris : Bonhams.

BONHAMS. 2005 *antiquities (London, 20th October 2005)*. Londres : Bonhams.

BROEKMAN, G. P. F. 2012. On the administration of the Thebaid during the Twenty-sixth Dynasty. *Studien zur Altägyptischen Kultur* 41, pp. 133-134.

BROVARSKI, E. et al. 1982. *Egypt's Golden Age: The Art of Living in the New Kingdom 1558 - 1085 B. C.* Boston : Museum of Fine Arts.

BRECH, R. 2008. *Spätägyptische Särge aus Achmim*. Aegyptiaca Hamburgensia 3. Hamburg : Pe-We Verlag.

BRUNNER-TRAUT, E. et al. 1981. *Die ägyptische Sammlung der Universität Tübingen*. Vol. II. Mainz am Rhein : Verlag Philipp von Zabern.

BUDISCHOVSKY, M. C. 1971. *La diffusion des cultes isiaques autour de la Mer Adriatique I. Inscriptions et monuments*. Leyde : E. J. Brill

CATON-THOMPSON, G. et GARDNER, E. W. 1934. *The Desert Fayum*. 2 vols. Londres : The Royal Anthropological Institute of Great Britain and Ireland.

CHRISTIE'S. 2011. *Antiquities including pottery from the collection of Baron Edouard Jean Empain (London, 14th April 2011)*. Londres : Christie's.

CORCORAN, L. 2002. The mummy, cartonnage set and coffin of Irtwirw, dans M. Eldamaty et M Trad (eds), *Egyptian Museum Collections around the World*, vol. I, 231-242.

CORNU, M. et NÉGRI, V. 2019. *Code du Patrimoine annoté et commenté. 3e édition*. Paris : Éditions Dalloz.

CURRELLY, C. T. 1913. *Catalogue Général des Antiquités Égyptiennes du Musée du Caire nos. 630001-64906. Stone Implements*. Le Caire : IFAO.

DE BOURGUET, P. 1964. *Musée National du Louvre. Catalogue des étoffes copte. I*. Paris : Musées nationaux.

DE CUSSÉ, L. D. 1868. Rapport sur la situation du Musée Archéologique au 1er janvier 1869. *Bulletin de la Société polymathique du Morbihan*, p. 195-200.

DOYEN, F. et WARMENBOL, E. 2004. *Pain et bière en Égypte Ancienne, de la table à l'offrande. Catalogue de l'exposition créée au Musée du Malgré-Tout (Belgique) du 4 avril au 12 décembre 2004.* Treignes : Éditions du CEDARC.

DROUT. 1996. *Antiquités, Vente aux enchères du 30/9/1996-1/10/1996.* Paris : Drout.

DROUT-DE MAIGRET. 2012. *Antiquités égyptiennes. Collection Charles Bouché, Vente aux enchères,* Hôtel Drout, 24/10/2012. : Drout.

FAULKNER, R. O. 1969. *The Ancient Egyptian Pyramid Texts.* Oxford : Clarendon Press.

FEUCHT, E. 1986. *Vom Nil zum Neckar. Kunstschätze Ägyptens aus pharaonischer und koptischer Zeit an der Universität Heidelberg.* Berlin/Heidelberg/Paris : Springer.

GASSE, A. 1990. *Loin de sable. Collections égyptiennes du Musée des Beaux-Arts et d'Archéologie de Besançon.* Besançon : Musée des beaux-arts et d'archéologie.

GRENIER, J.-C. 1996. *Les statuettes funéraires du Museo Gregoriano Egizio.* Vatican : Monumenti, Musei e Gallerie Pontificie.

GUGLIELMI, W. 1988. *Das Diakonie-Museum Kaiserswerth.* Düsseldorf : Diakoniewerk Kaiserswerth.

HIKADE, T. 2001. Silex-Pfeilspitzen in Ägypten. *Mitteilungen des Deutschen Archäologischen Instituts Kairo* 57, pp. 109-125.

JANES, G. 2011. *The shabti collections n°2. Warrington Museum and Art Gallery.* Cleckheaton : Amadeus Press.

JANES, G. 2012. *Shabtis. A private view. Ancient Egyptian funerary statuettes in European private collections.* Paris : Cybèle.

KAISER, W. 1967. *Ägyptisches Museum Berlin. Östlicher Stülerbau am Schloss Charlottenburg.* Berlin : Staatliche Museen Preussischer Kulturbesitz.

KERRAND, L. 1917-1919. 792e séance, 24 juin 1919. *Bulletin de la Société polymathique du Morbihan,* pp. 98-103.

KERRAND, L. 1922. 820e séance, 9 mars 1922. *Bulletin de la Société polymathique du Morbihan,* pp. 17-28.

KERRAND, L. 1922. 820e séance, 9 mars 1922. *Bulletin de la Société polymathique du Morbihan,* ppp. 17-28.

KERRAND, L. 1922. 828e séance, 9 novembre 1922. *Bulletin de la Société polymathique du Morbihan,* pp. 54-57.

KOBUSIEWICZ, M. 2005. *The Production, use and importance of flint tools in the Archaic Period and the Old Kingdom of Egypt.* Oxford : Archaeopress.

LALLEMENT, L. 1886. 409e séance, 28 septembre 1886. *Bulletin de la Société polymathique du Morbihan,* pp. 19-22.

LALLEMENT, L. 1888. 431e séance, 31 juillet 1888. *Bulletin de la Société polymathique du Morbihan,* pp. 21-24.

LALLEMENT, L. 1905. 636e séance, 29 aout 1905. *Bulletin de la Société polymathique du Morbihan,* pp. 19-21.

LALLEMENT, L. 1908. 667e séance, 31 mars 1908. *Bulletin de la Société polymathique du Morbihan,* pp. 6-9.

LAURENT, V. et DESTI, M. 1997. *Antiquités égyptiennes. Inventaire des collections du Musée des Beaux-Arts de Dijon.* Besançon : Musée des Beaux-Arts de Dijon.

LE MENÉ, J. M. 1881. *Catalogue du Musée Archéologique de la Société polymathique du Morbihan.* Vannes : Imprimerie Galles.

LE MENÉ, J. M. 1886. Rapport du conservateur du Musée Archéologique. *Bulletin de la Société polymathique du Morbihan,* pp. 84-85.

LE MENÉ, J. M. 1888. Rapport du conservateur du Musée Archéologique. *Bulletin de la Société polymathique du Morbihan,* pp. 254-255.

LE MENÉ, J. M. 1905. Rapport du conservateur du Musée Archéologique. *Bulletin de la Société polymathique du Morbihan,* pp. 373.

LE MENÉ, J. M. 1908. 667° séance, 31 mars 1908. *Bulletin de la Société polymathique du Morbihan,* pp. 6-9.

LE PENNEC, C. 2011. La Société polymathique et la naissance de collections archéologiques en Morbihan. *Annales de Bretagne et des Pays de l'Ouest* n°118-3, pp. 73-96.

LINTZ, Y. et COUDERT, M. 2013. *Antinoé. Momies, textiles, céramiques et autres antiques. Envois de l'État et dépôts du musée du Louvre de 1901 à nos jours.* Paris : Somogy & Musée du Louvre.

LLOMBART, CLOS, J. et al. 2005. *Joyas de Faraones. Tesoros de magia, poder y belleza.* Barcelone : Museu Egipci de Barcelona.

LORQUIN, A. 1999. *Étoffes égyptiennes. Chefs-d'œuvre des tisserands coptes. Étoffes égyptiennes de l'Antiquité tardive du musée Georges-Labit*. Paris-Toulouse : Somogy & Musée Georges-Labit.

MAHÉ, J. 1825. *Essai sur les antiquités du département du Morbihan*. Vannes : Imprimerie Galles aîné.

MAINTEROT, P. 2011. *Aux origines de l'égyptologie : voyages et collections de Frédéric Cailliaud (1787-1869)*. Rennes : Presses universitaires de Rennes.

MAINTEROT, P. 2024. *L'Égypte pharaonique. Collections du Musée Dobrée*. Nantes : Grand Patrimoine de Loire Atlantique.

MARSILLE, L. 1917-1919. 792e séance, 24 juin 2019. *Bulletin de la Société polymathique du Morbihan*, pp. 98-103.

MARSILLE, L. 1921. *Catalogue du musée archéologique de la Société polymathique du Morbihan*. Vannes : Imprimerie Galles.

MASON, R. B. J. et TUGWELL, J. 2011. Fatimid Tall-Necked Lamps and Their Associates: A Typology. *Journal of the American Research Center in Egypt* 47, pp. 335-353.

MASPERO, G. 1889. *Catalogue du Musée égyptien de Marseille*. Paris : Imprimerie Nationale.

MAUDET DE PENHOUËT, A. 1814. *Recherches historiques sur la Bretagne*. Nantes : Victor Mangin.

MEEKS, D. 1976. Notes de lexicographie. *Revue d'Égyptologie* 28, pp. 87-96.

MEFFRE, R. 2020. Les ouchebtis de la région thébaine à l'époque saïte : particularités locales et apports prosopographiques. *Bulletin de la Société française d'égyptologie* 203, p. 48-78.

MIDANT-REYNES, B. 1981. Les noms du silex en égyptien. *Revue d'Égyptologie* 33, pp. 39-45.

MIDANT-REYNES, B. 1983. Le débitage de lames de silex par pression. Les éléments de faucilles de 'Ayn-Asil (oasis de Dakhla). *Bulletin de l'Institut Français d'Archéologie Orientale* 83, pp. 257-262.

MOGENSEN, M. 1918. *Inscriptions hiéroglyphiques du Musée National de Copenhague*. Copenhague : Andr. Fred. Höst & Fils.

MUSSO, S. et PETACCHI, S. 2012. Les aegyptiakà de la "Veneranda Biblioteca Ambrosiana" (Milan), une étude de synthèse. *Orientalia* 81, fasc. 4, pp. 340-354.

NAGUIB, S. A. 1985. *Funerary statuettes. Etnografisk Museum Oslo, fascicule I* (CAA). Mainz am Rhein : Philip von Zabern.

PAMMINGER, P. 1990. *Ägyptische Kleinkunst aus der Sammlung Gustav Memminger*. Wiesbaden : Peter Pamminger.

PM IV = PORTER, B. et MOSS, R. L. 1968. *Topographical Bibliography of ancient Egyptian hieroglyphic texts, reliefs and paintings. Volume IV: Lower and Middle Egypt*. Oxford : The Griffith Institute.

PN I = RANKE, Hermann (1935) – *Die ägyptischen Personennamen . Band I. Verzeichnis der Namen*. Glückstadt : Verlag von J. J. Augustin.

SANTROT, M.-H. (éd.). 2001. *Au fil du Nil. Couleurs de l'Égypte Chrétienne*. Paris-Nantes : Somogy Éditions d'Art, Conseil de la Loire Atlantique et le Musée Dobrée.

SANTROT, M.-H. et al. 2004. *Vases en voyage. De la Grèce à l'Etrurie* (catalogue d'exposition au musée Dobrée). Paris : Somogy Éditions d'Art.

SANTROT, M.-H. 2008. Un autre aspect de l'anticomanie : l'histoire des collections égyptiennes en Bretagne et dans les Pays de la Loire », dans D. FRÈRE (éd.), *L'archéologie méditerranéenne et proche-orientale dans l'ouest de la France. Du mythe des origines à la constitution des collections, Annales de Bretagne et des Pays de l'Ouest* 115-2, pp. 87-105.

SCHLICK-NOLTE, B. et VON DROSTE ZU HÜLSHOFF, V. 1990. *Liebieghaus - Museum Alter Plastik. Ägyptische Bildwerke. Band I. Skarabäen, Amulette und Schmuck*. Melsungen : Verlag Gutenberg.

SCHLÖGL, H. A. et BRODBECK, A. 1990. *Ägyptische Totenfiguren aus Öffentlichen und privaten Sammlungen der Schweiz*. Oriens Biblicus Orientalis 7. Fribourg/Göttingen : Universitätsverlag ; Vandenhoeck & Ruprecht.

SCHNEIDER, H. D. 1977a. *Shabtis I. An introduction to the history of ancient Egyptian funerary statuettes with a catalogue of the collection of shabtis in the National Museum of Antiquities at Leiden*. Leyde : Rijksmuseum van oudheden.

SCHNEIDER, H. D. 1977b. *Shabtis II. An introduction to the history of ancient Egyptian funerary statuettes with a catalogue of the collection of shabtis in the National Museum of Antiquities at Leiden*. Leyde : Rijksmuseum van oudheden.

SCHNEIDER, H. D. 1977c. *Shabtis III. An introduction to the history of ancient Egyptian funerary statuettes with a catalogue of the collection of shabtis in the National Museum of Antiquities at Leiden*. Leyde : Rijksmuseum van oudheden.

SCHULTZ, R. 2007. *Khepereru-scarabs. Scarabs, scaraboids, and plaques from Egypt and the Ancient Near East in the Walter Art Museum, Baltimore*. Oakville : Halgo.

SETON-KARR, H. W. 1904. Fayoom flint implements. *Annales du Service d'Antiquités de l'Égypte* 5, pp. 185–187, pl. II–XX.
SNITKUVIENĖ, A. 2008. *Biržų grafai Tiškevičiai ir jų palikimas*. Kaunas : Nacionalinis M. K. Čiurlionio dailės muziejus.
SOTHEBY'S. 2004. *The Charles Pankow collection of Egyptian antiquities (New York, 8th December 2004) (New York 2004)*. New York : Sotheby's.
SPIESER, C. 2023. *La collection égyptienne du Musée Bible + Orient*. Gand : Éditions Snoeck.
VERGNIEUX, R. 1982. Les figurines funéraires égyptiennes du Musée Guimet d'Histoire naturelle de Lyon. *Nouvelles Archives du Musée d'Histoire naturelle de Lyon*, fascicule 20 (supplément), pp. 63–71.
VILVAUT. 1922. 818e séance, 12 janvier 1922. Bulletin de la Société polymathique du Morbihan, pp. 1–8.
WATSON, P. 2021. *Catalogue of inscribed shabtis in Birmingham*. www.bmag.org.uk/uploads/fck/file/shabti%20master%20v1_3.pdf (site visité en septembre 2021)
WILFONG, T. G. 2013. *Life, death afterlife in ancient Egypt: the Djehutymose coffin in the Kelsey Museum of Archaeology*. Kelsey Museum Publications 9. Ann Arbor : Kelsey Museum of Archaeology.

Index

Dieux égyptiens

Amon-Rê; **54**
Anubis; **61**; **65**; **67**
Apis; **61**
divinités des Enfers; **65**
divinités portant des couteaux (dieux des Infères); **67**
Horus; **60**; **61**
Isis; **7**; **65**; **67**
Kébehsénouf; **65**
Maât; **58**; **64**
Montou; **3**; **54**; **68**; **70**
Nephtys; **65**; **67**
Nout; **64**; **65**; **67**
Osiris; **43**; **46**; **48**; **50**; **54**; **67**
Oupouaout du Nord; **65**
Oupouaout du Sud; **65**
Ptah-patèque; **61**
Rê-Horakhty; **4**
Thot; **58**; **61**
Thouéris; **61**

Dieux non égyptiens

Dionysos; **77**; **78**
Néréides; **78**
Zeus-Ammon; **75**

Noms anciens

Ânkh-ef-en-khonsou II; **3**; **4**; **47**; **48**; **50**;
Ânkh-Hor; **47**; **48**; **50**
Antinoüs; **77**
Apriès; **47**
Bes-en-mout; **68**
Djed-hor; **64**; **65**
Hadrien; **77**
Hor<-m->hetep; **42**
Iâhmes; **53**
Irtouirou/Ithoros; **65**
Neser-amon II; **68**
Nesy-khonsou II; **68**
Nitocris; **67**
Pa-<di>-wast(y); **54**
Pa-di-hor-senet; **48**
Pa-di-mahes; **48**
Psammétique I; **43**
Psammétique II; **47**
Psammétique<m>-awy-Neith; **42**; **45**; **46**
Ptolémée II Philadelphe; **75**
Ptolémée VI Philométor; **1**
Ptolémée XII Aulète; **75**

Ramsès II; **77**
Senkamanisken; **48**
Ta-di(t)-pa-bek; **46**
Ta-hetcheret; **62**
Wah-ib-rê; **43**

Noms modernes et contemporains

Audemard (Louis); **8**; **72**; **100**
Ballet (Jules); **42**;
Brech (Ruth); **65**
Cailliaud (Frédéric); **iv**; **vi**; **1**; **2**; **3**; **4**; **6**; **7**; **8**; **9**; **45**; **47**; **50**; **57**; **58**; **59**; **60**; **62**; **64**; **71**; **72**; **74**
Cailliaud (Jean-René); **3**
Champollion (Jean-François); **2**
Chanu de Limur (Alexandre); **4**
de Cussé (Léon, Davy); **6**; **7**; **43**
de Limur Chanu (Alexandre); **4**; **6**; **7**; **53**; **64**; **68**; **70**; **71**;
de Limur (Michel); **7**
de Robien (Christophe Paul); **5**
Denon (Vivant); **1**
Drovetti (Bernardino); **1**
Gayet (Albert); **7**; **9**; **77**
Guimet (Émile); **117**; **119**; **120**; **121**; **122**; **123**; **125**; **126**; **128**; **130**; **131**; **132**; **134**; **136**; **137**; **138**; **140**; **144**; **145**; **147**; **148**; **149**; **151**
Ikram (Salima); **iv**; **72**
Ismaël Pacha; **2**
Le Mené (Joseph-Marie); **6**; **8**; **78**
Loth (Joseph); **8**
Louis XVIII; **2**
Mahmoud II; **1**
Mainterot (Philippe); **iv**; **vi**; **3**
Mariette (Auguste); **3**
Maudet de Penhouët (Armand); **5**; **6**
Méhémet-Ali; **1**
Memminger (Gustav); **44**
Mosher (Malcom Jr); **iv**; **54**
Napoléon; **1**; **2**
Pacqueteau (Arthur); **7**
Peltier (Charles); **8**
Peltier (Madame la veuve de); **7**; **8**; **51**
Ranke (Hermann); **54**
Rosellini (Ippolito); **2**
Seton-Karr (Heywood, Walter); **7**; **8**; **10**; **11**; **12**; **13**; **14**; **15**; **16**; **17**; **18**; **19**; **20**; **21**; **22**; **23**; **24**; **25**; **26**; **27**; **28**; **29**; **30**; **31**; **32**; **33**; **34**; **35**; **36**; **37**; **38**; **39**; **40**; **41**
Settala (Manfredo); **43**; **45**
Thirion (Michèle); **54**
Vassalli (Luigi); **3**

Index

Res Notabiles

agate rouge; 101
aigle; 101
ailerons asymétriques; 12; 14; 15; 16
alliage cuivreux; 3; 75; 101
amulette(s); 2; 3; 54; 59; 60; 62
amulette-*aper*; 60
antiquités égyptiennes; 4;
apron; 65; 67
arcade(s); 78
argent; 75; 76
argile; 99
aryballe; 6
Ashmolean Museum; 48
ateliers des potiers; 99
autel; 65
bacchanales; 77
bague(s); 3; 57
bandage(s); 72
bandelette(s); 3 ; 4 ; 6; 7; 59; 64; 68; 71; 72; 77
barbe postiche; 43; 64
basilophore; 43
bâton; 42
bec-verseur; 99; 100
bélière; 60; 62; 63;
Bible; 78
Biblioteca Ambrosiana; 43; 45
Bibliothèque Nationale de France; 2
Birmingham Museum and Art Gallery; 44
bitume; 70; 73
bois stuqué et peint; 64
British Museum; 44; 48
Cabinet des Médailles; 2
Cabinet du Roi = Cabinet des Médailles
cabinets de curiosités; 8
carène; 55; 100
cercueil anthropoïde; **vi**; 3; 7
cercueil bivalve; 64
cercueil(s); **iv**; **vi**; 2; 3; 7; 64; 65; 67; 68; 72
chacal; 65; 67
chaille calcaire du rognon de silex; 22; 24; 25; 26; 27; 29; 31; 32
chaîne; 77; 80; 81; 86; 88
châle(s); 77; 83; 84; 86; 88
chat; **iv**; 8; 72; 73
cheval; 81
chevalier de la Légion d'Honneur; 2
chiton; 74
clavus (clavi); 81; 95; 98
clergé de Montou; 3
Cleveland Museum of Arts; 48
clypéus; 63
Commission d'Égypte; 2
contremaître; 42
contre-poids de collier-*ménat*; 62
corde; 43; 46; 50; 52

corvéables; 42
couronne *pschent*; 61
couronne rouge; 62
couteau; 17; 24; 30; 34;
crâne; 72
crapautage; 86; 87; 89
cristallisation du sel; 47
croissant lunaire; 58
croix; 80; 84
déchiffrement de l'écriture hiéroglyphique; 2
déchirures; 81; 86; 87; 93
décor floral; 88; 89; 90; 91; 92; 95
décor géométrique; 95
dentelure; 14; 17; 18; 19; 20; 21; 22; 23; 31; 32; 38; 39
Description de l'Égypte; 1
diadème; 65
disque solaire; 58; 59; 67; 101
Divine Adoratrice; 47; 48
éclat de débitage; 36; 37
écoulement; 73
égyptologie; **iv**; **vi**; 2; 53
élytre(s); 63
encolure; 80; 81; 82
entrelacs; 81; 83; 84; 97
étoffe(s); 78; 79; 80; 86; 88;
étoffes coptes. *Voir tissus coptes*
Exposition Universelle; 3; 70
faïence; 3; 42; 43; 45; 47; 50; 51; 57; 58; 59; 60; 61; 62
faucille; 10; 11; 31; 37; 39
faucon; 58; 60; 61; 64; 65; 101
félin; 64; 67; 72
feu; 10; 45; 50; 72; 81
fils de chaîne groupés; 80; 81; 88
fleurs de lotus; 93
fleurs octolobées; 64
fouet; 42
fourrure; 72
franges; 70; 71; 85; 89
galon; 79; 80; 96
glaçure; 46; 47; 50; 60
grenouille; 60
guirlande; 74
hématite; 59; 60
hémiobole; 75
henné; 3
héros éphèbe; 77
himation; 74
houe; 43; 44; 46; 47; 50; 52
hoyau; 43; 46; 47; 50
incrustations; 23; 24; 74
industrie lithique. Voir silex
insigne de cérémonie; 101
Institut d'Égyptologie de l'Université de Memphis; 65
instruments aratoires; 43; 46; 47; 50

Kaiserwerth Museum; **44**
Kelsey Museum of Archaeology; **65**
khepesh cérémonielle; **101**
laine; **78; 79; 80; 81; 82; 83; 84; 85; 87; 88; 89; 90; 91; 92; 93; 94; 95; 96; 97; 98;**
lame(s); **10; 11; 18; 25; 26; 27; 29; 33; 35; 36; 37; 38; 39; 40; 41**
lame de raclage; **25; 26; 27; 33**
lame-racloir marginal; **38; 39; 40**
lampe(s) à huile; **8; 98; 99; 100**
lapis-lazuli; **59**
Liebieghaus Museum Alter Plastik; **58**
lie-de-vin; **85**
lin; **3 ; 65; 68; 70; 71; 72; 79; 80; 81; 82; 83; 84; 85; 86; 87; 88; 89; 90; 91; 92; 93; 94; 95; 97; 98**
linceuls; **3; 88**
lit léontoforme; **65**
Livre des Morts; **42; 48; 53; 54; 59; 65**
Manchester Museum; **44**
marguerites; **77**
médaillon(s); **57; 78; 83**
Metropolitan Museum of Art; **44**
mines d'émeraudes; **1**
mobilier funéraire; **3; 42**
momie; **2; 3; 4; 7; 8; 53; 59; 64; 65; 68; 70; 71; 72; 73**
momie de chat; **vi; 8; 72; 73**
momification; **77**
monnaies; **7; 75**
moule(s); **43; 46; 74; 99**
Musée Bible + Orient de Fribourg; **101**
Musée Charles X; **2**
Musée d'archéologie de Split; **44**
Musée d'art et d'histoire de Bruxelles; **45**
Musée de Die et du Diois; **88**
Musée d'ethnographie de Neuchâtel; **45**
Musée de l'archéologie méditerranéenne de la Vieille Charité; **44; 45**
Musée des Beaux-Arts de Boston; **58**
Musée des Beaux-Arts de Dijon; **48**
Musée des Beaux-Arts et d'Archéologie de Besançon; **46**
Musée des Confluences; **44**
Musée Dobrée; **2**
Musée du Berry; **3**
Musée du Louvre; **2; 9; 48; 78; 80; 81; 93; 96**
Musée égyptien du Caire; **31**
Musée ethnographique d'Oslo; **44; 45**
Musée Georges Labit; **3; 83**
Musée Grégorien; **43; 44**
Musée Guimet; **7; 44**
Musée municipal de Vilnius; **44**
Musée national d'Écosse; **44; 45**
Musée national de Cracovie; **44**
Musée national de Danemark; **44**
Musée Pincé; **3 ; 63**
Musei Civici agli Eremitani; **44; 45**
Muséum d'Histoire Naturelle de Nantes; **1; 2**

Museum Schloss Hohentübingen; **44**
naos; **65; 67**
navette volante; **77; 79; 82; 83**
nécropole thébaine; **2**
Neues Museum de Berlin; **43**
Nil Blanc; **2**
Nil Bleu; **2**
nœud(s) de Salomon; **83**
Nouveau Testament; **78**
obsidienne; **72**
orbiculus/orbiculi; **77; 83**
ossements; **72**
oudjat; **60**
ousekh; **64; 67**
oushabti(s). *Voir shabti(s)*; *Voir shabti(s)*; *Voir shabti(s)*; *Voir shabti(s)*
palais de Topkapi; **1**
papyrus; **2; 53; 54; 77**
pédoncule; **16; 19; 21; 22; 30; 31**
pèlerinage; **72**
perceur(s); **10; 16; 28; 29**
perruque; **43; 46; 47; 48; 50; 51; 52; 64**
pigments; **64; 65; 74**
pilier dorsal; **42; 43; 44; 46; 47**
pilier-*djed*; **59**
pioche; **43**
plinthe; **67**
plissé; **86; 87**
plume de Maât; **58**
pointe de flèche; **12; 13; 14; 15; 16**
pointe de lance; **19; 21; 22; 28; 30; 31; 32**
pointillé; **82; 84**
pouvoir apotropaïque; **83**
pratiques funéraires; **77**
prêtres-lecteurs; **59**
quartz blanc; **72**
Queen's College; **48**
racèmes; **78**
radiographies; **72; 73**
résine; **73**
ressauts; **79; 83**
restes humains; **71**
retouche marginale; **39; 40**
retouches bifaces; **10; 11; 12; 13; 14; 15; 17; 18; 19; 20; 21; 22; 24; 25; 26; 27; 28; 29; 30; 33; 34; 36; 38**
retouches unifaces; **23; 31**
Rijksmuseum dvan Oudheden de Leiden; **48**
rinceau(x) (d'acanthes/vignes); **77; 78; 79**
rituel d'embaumement; **59**
rituel-*tememet*; **59**
rose(s); **77; 90; 91**
Royaume de Naples; **1**
Royaume de Sennar; **2**
sac des grains; **43**
scarabées; **59**
scènes dionysiaques; **81**

scie; **10**; **11**
Service des Antiquités de l'Égypte; 77
shabti(s); 3; **42**; **43**; 44; 45; 46; 47; 48; 50; 51; 52
signe de deuil; **65**
silex; **vi**; **15**; 7; 8; 10; 11; 12; 13; 14; 15; 16; 17; 18; 19; 20; 21; 22; 23; 24; 25; 26; 27; 28; 29; 30; 31; 32; 33; 34; 35; 36; 37; 38; 39; 40
Société académique de Nantes; 3
Société d'anthropologie de Paris; 3; 68
Société d'archéologie de Nantes; 3
Société polymathique du Morbihan; **iv**; **v**; **vi**; 3; 5; 8; 9; 10; 77; 78
sphinx; 6; 7
statuette en terre cuite; 3; **74**
statuettes funéraires; 2; 7; 48
suaire; 47; 71; 77
sycomore; **64**
symbolisme chrétien funéraire; **77**
tabula(e); 77; 78; 97; 98
taenia à basileion; **75**
tapisserie; 80; 81; 91
technique de récupération; **79**
tenon; 43
termites; 64; 67
terre cuite; 3; 55; 56; **74**
tête zoomorphe; **58**
tétradrachme; **76**
Textes des Pyramides; **v**; **65**
textiles; 77; 78; 79;
thiase bachique; **81**
tisserands; **77**
tissu(s); 3; 7; 8; 9; 54; 70; 71; 72; 77; 79; 80; 81; 83; 84; 85; 86; 87; 88; 89; 90; 91; 92; 93; 94; 95; 96; 97
tonnelle(s). *Voir arcade(s)*
tressage; **43**; **47**
trône; **74**
trousseau(x) funéraire(x); **43**
trousseaux; **59**
tunique(s); 77; 78; 79; 82; 83; 84; 85; 87; 88; 89; 91; 93; 94; 95; 96; 97; 98
Université Américaine du Caire; **iv**
University of Pennsylvania Museum of Archaeology and Anthropology; **44**
uræus; **101**
vases canopes; 65; 67
vente aux enchères; **50**
vitrification; **100**
Walters Art Museum; **90**
Warrington Museum & Art Gallery; **63**

Toponymes

Aboukir; 5
Akhmîm; **iv**; 4; 64; 65
Alexandrie; 1; 75; 76
Allemagne; **44**
Angers; 3; 63
Ann Arbor; **65**
Antinoë; 7; 9; 77; 78; 79; 80; 81; 82; 83; 84; 85; 86; 87; 88; 89; 90; 91; 92; 93; 94; 95; 96; 97; 98
Antinooupolis. *Voir Antinoë*
Assasif; **47**
Auray; 8
Bâle; **44**
Baltimore; **63**
Birmingham; **44**
Bithynie; **77**
Bourgues; 3
Bretagne; 5; 6
Bubasteion; **72**
Butana; 2
Carnac; 5
Carthage; 8
Champs d'Ilaou; **42**
Copenhagen; **44**
Corinthe; 6; 7
Croatie; **44**
Djebel Barkal; 2
Djebel Zubarah; 1
Düsseldorf; **44**
Edfou; 2
Édimbourg; 44; 45
Égypte; **iv**; **vi**; **vii**; 1; 2; 3; 4; 5; 8; 9; 10; 42; 47; 48; 62; 64; 70; 72; 74; 75; 77
El-Kâb; 2
Fayoum; 7; 10; 11; 12; 13; 14; 15; 16; 17; 18; 19; 20; 21; 22; 23; 24; 25; 26; 27; 28; 29; 30; 31; 32; 33; 34; 35; 36; 37; 38; 39; 40
France; 1; 2; 3; 8; 9; 44; 45; 48; 77
Frankfurt; **58**
Freudenstadt; **44**
Fustat; 99; 100
Gournah; 2
Haute-Égypte; 8
Heidelberg; **44**
Hérmopolis Magna; **77**
Karnak; 54; 68
Le Caire; **iv**; 19; 99
Lituanie; **44**
Locmariaquer; 5
Loire-Atlantique; 2
Londres; **44**
Louxor; 2; 6; 7
Lyon; **44**
Maharashtra; **10**
Marseille; 44; 45
Mayence; **iv**; **53**
Méroé Nord; 2
Milan; 43; 45
neuvième nome de la Haute Égypte; **4**
New York; **44**
Nubie; 2
Oasis de Kharga; 2
Oasis de Siouah; 2

Ouadi Halfa; **1**
Oxford; **10**; **48**
Paddington; **10**
Padoue; **44**; **45**
Panopolis; **64**
Paphos; **76**
Paris; 2; 3; **48**; **68**; **70**; **80**; **81**; **93**
Philadelphie; **44**
Proche Orient; **101**
Rome; **62**
Saqqâra; **43**; **45**; **50**; **55**; **72**
Soudan; **vii**; **10**
Suisse; **44**; **45**
Tell El-Dabʿa; **55**
Tell el-Yahudiya; **55**
Thèbes; **68**; **70**; **71**; **72**

Toulouse; **3**; **83**
Touna el-Gebel; **2**
Tyr; **75**
Umm Ebeida; **2**
vallée du Nil; **1**; **10**
Vannes; **iv**; **3**; **4**; **5**; **6**; **8**; **9**; **10**; **11**; **12**; **13**; **14**; **15**; **16**; **17**; **18**; **19**; **20**; **21**; **22**; **23**; **24**; **25**; **26**; **27**; **28**; **29**; **30**; **31**; **32**; **33**; **34**; **35**; **36**; **37**; **38**; **39**; **40**; **42**; **43**; **44**; **45**; **47**; **50**; **51**; **53**; **55**; **56**; **57**; **58**; **60**; **62**; **63**; **64**; **65**; **68**; **70**; **71**; **72**; **73**; **74**; **75**; **76**; **78**; **79**; **80**; **81**; **82**; **83**; **84**; **85**; **86**; **87**; **88**; **89**; **90**; **91**; **92**; **93**; **94**; **95**; **96**; **97**; **98**; **99**; **100**; **101**
Vatican; **44**
Warrington; **44**